Thomas Köck

Klimatrilogie

paradies fluten / paradies hungern / paradies spielen

Suhrkamp

paradies spielen entstand im Rahmen einer Hausautorenschaft am Nationaltheater Mannheim und wurde unterstützt mit dem DramatikerInnenstipendium der österreichischen Bundesregierung.

Satz: Satz-Offizin Hümmer GmbH, Waldbüttelbrunn
Druck: BoD GmbH, Norderstedt
Umschlaggestaltung: Katja Bohlmann
Printed in Germany
ISBN 978-3-518-24339-8

www.suhrkamptheater.de

Nature is not natural and
can never be naturalized

aus den notizen einer anonymen klimaforscherin
(spätes einundzwanzigstes jahrhundert)

PARADIES FLUTEN
(VERIRRTE SINFONIE)

teil eins der klimatrilogie

all that is solid melts into air

aus den aufzeichnungen eines anonymen klimaforschers
(spätes neunzehntes jahrhundert)

besetzung ad libitum

ich empfehle

ein erschöpftes tanzensemble
ein ertrinkendes symphonieorchester
zwei überlebende in klimakapseln postparzen nennen wir sie
eine durchschnittliche weiße mitteleuropäische familien-
aufstellung
der neunziger jahre als schreckgespenster
ein bühnenfüllendes schiffswrack
ein verlassenes paradies
mehrere alternativen (stumm)
unmögliche oder einfach schlecht erinnerte erinnerungen die
die bühne nach und nach überfluten
die unsichtbare hand des marktes
im duell mit der unsichtbaren hand des autors

des weiteren gilt
regieanweisungen sind wie kriegsgeräusche zu lesen

tänzerinnen sind unbedingt eingeladen sich den text
anzueignen
da viele tanzensembles mehrsprachig besetzt sind kann
und soll der text gerne übersetzt werden
auch falsch damit der text auch was davon hat
gern auch simultan und von allen seiten

die erinnerungen die die bühne überfluten dürfen
und sollen auch sehr gerne
solche der schauspielerinnen tänzerinnen intendantinnen
musikerinnen regisseurinnen etc sein

wenn auf live-musik zurückgegriffen wird
sollte diese derangiert werden
nicht weichzeichnen ruhig grotesk und clownesk denken
also ein ensemble dem das wasser bis zum kopf steht
beispielsweise mit muscheln in den trompeten
und sand der aus den cellobäuchen fließt

vielleicht auch einfach
das erste mitteleuropäische flüchtlingsorchester

oder
ein ensemble dessen mitglieder nach und nach deportiert
oder erschossen werden und verschwinden
während des abends und die verlassenen instrumente
für eine andere zeit zurückbleiben

vielleicht liegen die instrumente auch zu beginn schon
wie unverständliche artefakte und angespülter müll
einfach auf der bühne herum und während des stücks
wird erfolglos versucht darauf musik zu machen

wenn nicht auf live-musik zurückgegriffen wird
sollte zumindest eine cembalospielerin inklusive cembalo
anwesend sein die von zeit zu zeit ganz alleine
immer wieder ihr verhasstestes orchesterwerk spielt

da das alles sicherlich sehr viel ist für einen abend
empfehle ich den text häufig nachzuspielen
es lohnt sich

ansonsten
viel spaß

overtüre

wrack frack fracking
nach den fluten

zwei sehr sehr sehr alte frauen wieder postparzen heißen wir sie zum einen DIE VON DER PROPHEZEIUNG VERGESSENE zum anderen DIE VON DER VORHERSEHUNG ÜBERSEHENE beide mit zylinder frack und atemschutzmaske gern auch ramponiert und abgewrackt betreten hektischen schritts die bühne laufen bis vorne an die rampe und warten relativ lang die eine möchte dann etwas sagen öffnet schon den mund tuts dann also doch wieder nicht die andere starrt beunruhigt zu ihr rüber sie warten ein wenig ein scheinwerfer fällt dann irgendwann runter die vibration lässt eine bühnenwand aus der verankerung krachend zu boden fallen woraufhin die sicherung eines an der bühnenwand befestigten offshore-ölförderschlauchs aufspringt und wie trunken torkelnd unablässig dunkles rohöl auf die bühne erbricht

DIE VON DER PROPHEZEIUNG VERGESSENE *wartet angespannt auf den einsatz ihrer kollegin* shit

DIE VON DER VORHERSEHUNG ÜBERSEHENE *nach einer kurzen pause* moment moment moment ich habs gleich shit

DIE VON DER PROPHEZEIUNG VERGESSENE ja was denn

DIE VON DER VORHERSEHUNG ÜBERSEHENE wir haben etwas vergessen

DIE VON DER PROPHEZEIUNG VERGESSENE offensichtlich

DIE VON DER VORHERSEHUNG ÜBERSEHENE nein nein nein was ich meine ich meine wir haben shit wie konnten wir das nur vergessen

DIE VON DER PROPHEZEIUNG VERGESSENE gut dann fang ich halt an also die sonne meine damen und herren die sonne wir lernen von der sonne wir lernen dass alles eigentlich schon vorüber ist

DIE VON DER VORHERSEHUNG ÜBERSEHENE *beim hektischen abgehen um etwas zu holen* nein aus jetzt wir haben shit

DIE VON DER PROPHEZEIUNG VERGESSENE ja pscht aus alles ist schon längst aus sehen sie kurz nach oben los sehen sie nach oben in den himmel zur sonne und halten sie ehrfürchtig inne die sonne hat gerade ihre wechseljahre erreicht sie hat jetzt gerade die hälfte ihres wasserstoffvorrats verbraucht die nächsten sechs milliarden jahre können sie sich ungefähr so vorstellen in eins komma eins milliarden jahren wird die sonne um zehn prozent heißer strahlen sämtliche kontinente werden dann wüste geworden sein in drei komma fünf milliarden jahren wird die sonne um vierzig prozent heißer strahlen im mariannengraben ist dann kein wasser mehr sämtliche ozeane geschichte der meeresboden voller flugzeugwracks und plastikschnitzel playmobilpferde und barbiepuppen vielleicht haben wale dann den aufrechten gang gelernt und die demokratie wiederentdeckt die wir haben baden gehen lassen aber gut walscherze beiseite in sechs komma drei milliarden jahren ist die erdoberfläche längst steril der wasserstoff im kern der sonne aufgebraucht und jetzt meine damen und herren jetzt geht es richtig rund in den nächsten eins komma drei milliarden jahren bläht sich die sonne auf ihre hundert bis hunderfünfzigfache größe auf ein roter riese die details und hintergründe erspare ich ihnen es gehört zu einer guten panikmache nur den schrecken auszumalen der merkur zum beispiel wird von der sich blähenden sonne angezogen und direkt in diese hineinkippen und komplett zerstört werden die chancen stehen im moment fifty fifty dass die erde dieses schicksal auch ereilt die aufgeblähte wütende sonne verliert nämlich gas man kennt das bei blähungen und sinkt so wieder in sich zusammen was allerdings mit dem gas im weltall also genau das sind folgen die heutige berechnungen noch nicht imstande sind zu erfassen die sonne wird ein ganzes universum zuerst angestrahlt und dann vergast haben dann sinkt die sonne in sich zusammen erkaltet ausgebrannt erschöpft postkoital ein weißer zwerg und bleibt so für den rest des universums sie können jetzt wieder zu mir hersehen hier sehen sie hierher hallo diese katastrophe ist unausweichlich die ist finaler als der tod weil die erde während des ganzen prozesses tausendvierhundert grad celsius heiß sein wird sie wird nur noch aus lava bestehen und alles was hier irgendwann einmal war wird dann komplett ausgelöscht sein die lava ist heiß genug um sämtliche molekularteilchen zu verbrennen das heißt im prinzip jede form der erinnerung jede art von gedächtnis wie wir es heute kennen wird gewesen sein keine zeichen keine spuren keine lesbarkeit wird uns überdauern wir werden verschwunden sein das licht der sonne kommt nicht aus einer hoffnungsfrohen zukunft es kommt aus einer unausweichlich immer schon vergangenen zukunft und es verkündet uns bereits jetzt dass wir gewesen sein werden wir wissen dass wir vernichtet sein werden

DIE VON DER VORHERSEHUNG ÜBERSEHENE *kommt freudestrahlend wieder zurückgelaufen* ich habs

DIE VON DER PROPHEZEIUNG VERGESSENE pscht das morgengrauen ist kein neuanfang es ist ein warnruf aus der vergangenheit die sonne dehnt sich aus und die hoffnung endet mit kosmischen blähungen und interstellaren gasen die unsere irdischen berechnungen übersteigen

DIE VON DER VORHERSEHUNG ÜBERSEHENE los komm ich habs gefunden wir haben was vergessen

DIE VON DER PROPHEZEIUNG VERGESSENE sag mal meine damen und herren moment

DIE VON DER VORHERSEHUNG ÜBERSEHENE zieht DIE VON DER PROPHEZEIUNG VERGESSENE von der bühne weg nach hinten freudig luftsprünge soweit sie das hohe alter noch erlauben dann ist es länger still bühnentechniker laufen eilig vorüber das licht wird neu justiert die bühnenwand wieder fixiert das öl so gut es geht aufgewischt der kaputte scheinwerfer weggeräumt dann kehren DIE VON DER VORHERSEHUNG ÜBERSEHENE und DIE VON DER PROPHEZEIUNG VERGESSENE wieder mit schweren hanfseilen über den schultern und sie ziehen hinter sich her bis an die rampe nach vorne ein schiffswrack genauer gesagt ein halb abgetragenes wrack eines transportschiffes der triple-e-klasse der dänischen reederei maersk line aus dem frühen einundzwanzigsten jahrhundert wie man es aus den abwrackhäfen in bangladesch kennt natürlich nicht das ganze wrack das wäre zu groß aber doch so ein sagen wir mal bühnenfüllendes element man sieht in die verschiedenen decks hinein die mannschaftsquartiere den treibstofftank die verschiedenen pumpsysteme die unzähligen kabel die aus dem bauch des schiffes heraushängen die verladeflächen für die container das herzstück der spätmodernen zivilisation während sie mühsam ziehen unterhalten sie sich

DIE VON DER PROPHEZEIUNG VERGESSENE ja stimmt das haben wir tatsächlich vergessen
DIE VON DER VORHERSEHUNG ÜBERSEHENE sag ich doch wir deppen wie konnten wir das nur vergessen
DIE VON DER PROPHEZEIUNG VERGESSENE ja dass wir das vergessen konnten wir alten deppen

die beiden verneigen sich kurz nochmal recht rasch gehen ab und lassen das publikum mit dem wrack auf der bühne zurück das wrack liegt lange zeit einfach so da es wird nicht bespielt es wird nicht als erhabener bau inszeniert es liegt einfach so da man hört nichts keine wellengeräusche keine atmosphärischen klänge keinen wind keine vögel kein strand nichts das wrack liegt ohne jeglichen kontext leicht nach rechts geneigt wie ein skeptischer blick zur seite fast so als würde es das publikum verstohlen anstarren und nicht umgekehrt so bleibt die bühne eine ganze weile das publikum und das schiffswrack starren sich eine ganze weile an völlig kontextlos dann geht das licht aus und es erklingt musik

I

serenade

unruhige materialflut
ertrunkene ziehen vorüber

tempo rubato
mäßig

und wieder zieht einer vorüber diesmal einer mit
erstarrtem schrei und gerade frisch getrocknetem
haaransatz schwarz glänzend das loch im hals noch
bevor ihn wieder hinabreißt die materialflut

aus der jetzt eine andere nach oben schießt
die auch nichts mehr zu sagen weiß nur staunend
der zustand der welt ja
was soll man da auch sagen
ein jammertal nicht wahr ein
jammermariannengrabental schon wieder
der mund offen die arme ausgebreitet sie war zum sprung
bereit

zur seite jetzt
schreit unter ihr eine andere eine
überarbeitete auf dem weg nach oben
im zerrissenen kleid erschöpft die
augenlider klappern noch fröhlich es
klimpern die äuglein im reißenden bach
die finger suchen zuckend nach der hand
die sie gehalten als das feuer
oder wars nur ein unglücklicher gewittersturm
eine durchgebrannte gaspipeline geplatzt
die adern europas unter dem eigenen haus

aus der ferne winkt jetzt ein anderer taucht kurz auf
hallo ja das ist ja wundervoll dass wir uns
also in die arme wild nicht
die finger ums smartphone gewickelt die
augen leer und weiß das hemd offen
dann wird er auch schon wieder
hinabgezogen von herbeizitiertem material

ein anderer reißt sich los in seiner hand nicht mehr das kind er
sieht augen ausgespült ins nass zweihundert
meter tief nur körper tritt aufgewühlt
nach unten ist immer platz
in allen fluten und treibt vorüber jetzt mit leerem blick

jetzt reichts aus jetzt denkt sich eine andere schüttelt
sich ab ihr körper zittert kurz die
wollte mit denen hier nie wirklich nie
etwas zu tun karrieregeile deppen dachte
sie sich immer jetzt schälen sich luftblasen aus ihren ohren

nein nein nein
jetzt andere im chor
nein nein nein
mehrere zusammen jetzt laut am besten laut die
in einem fischernetz vorübertreiben
nein nein nein wir das europäische parlament haben
beschlossen
die beine strampeln hilflos in den maschen
dann sind sie schon wieder abgetrieben im netz verfangen
die regungslosen finger

hinter ihnen überraschend wieder eine etwas jüngere
in der krise gerade ist sie gesprungen aus

ihrer wohnung bevor die staatsgewalt sie räumen konnte
die treibt jetzt weiter unten wo
die mieten nicht so hoch sind genug platz für alle
nach unten hin ist immer noch was frei

ein anderer dem es den hals abgeschnürt der
überraschend aus einem schlechten witz herbeigetaucht
längst vom markt vergessen eigentlich oder
wars ein selbstmordattentäter mit sprengstoffgürteln
marke eigenbau tomatendosen ravioli c4 mit
kleinen nägeln eine stadtbibliothek
ein schlecht laufendes theater das er besucht unwertes
leben in dreißig winterjacken filz im haar lagernächte sind lang

so und jetzt doch noch einmal die im fischernetz
die sich nur langsam einigen können
wieder durchnässt zurückrudern
der club der unsichtbaren hand ein schlechter scherz
die anzugträger im fischernetz
wer soll denn das klima bezahlen
wir sagen die welt wäre in ordnung
wenn aus dem auspuff eines autos so wenig herauskäme
wie aus dem eu-ministerrat
wäre die welt in ordnung

kein land mehr in sicht vom bühnenrand aus
andere jetzt am rufen
kein land mehr in sicht vom bühnenrand aus

vorüberziehen jetzt verschiedene definitionen
des spätmodernen subjektbegriffs
ein großes tohuwabohu der kommenden gemeinschaft
sie bewerfen sich mit totdiskutierten begriffen
und bruchstücken längst unverständlicher diskurse

und jetzt auch welche in rokoko schutzbekleidung
mit rüschen mühlsteinkragen und chemikalienschutzhand-
schuhen
infizierte ausgeschlossene geopferte verwundete
verängstigte schreiende sicherlich
zu viele immer schreien zu viele
aber dieser materialflut entweicht kein schrei mehr
diesem assoziationskraut ist kein schrei gewachsen

es entsteigt der materialflut jetzt ein markt
schwer angeschlagen schüttelt material
berge von sich dereguliert sich
ganz natürlich emanzipiert sich
es schreien die binnenmärkte und die anlegermärkte
und es beben die finanzzentren und die privatanleger
laufen hysterisch an die bankenfront mit gartenscheren
die devise was ist die devise

wieder zu spät falsch abgebogen wir
die im fischernetz wieder vorübereilend wir
sind wie das liebesspiel von elefanten
alles spielt sich auf hoher ebene ab wirbelt viel staub auf
und es dauert sehr lange bis etwas dabei herauskommt

der markt leckt schwer läuft aus der
bäumt sich auf es
fluten schnellen wirbel dieser markt
expandiert der
tut was er will teilt

beim abtauchen wieder die fluten gottgleich scheucht
krisengebiete in nichtchronologischer reihenfolge auf
gefolgt von humanitären interventionen die

hinter sich herziehen mit flugzeugträgern
einen rechtsstaat und sein nasses grab es

brechen eisberge am horizont und gletscher schmelzen
mehrere trennungen zerwürfnisse streits
beziehungskrisen wohin das auge reicht
weil der markt die alte sau die arschgeige spielt sich
schwer aufbäumt und herniederschäumt in den fluten

aber
es entsteigen der materialflut aufgescheuchte erinnerungen
ohne eigentümer
falsch erzählte geschichten und
längst vergessene möglichkeiten
das einzige kraut
das gegen den markt und seine vorstellungskraft gewachsen ist
es treiben vorüber lose open source
erinnerungen ereignisse ohne besitzer
unendlich schwätzend
unendlich gesprächig
noch einmal erzählend

der materialflut entsteigen jetzt außerdem
vergangenheiten die nie stattgefunden haben

jetzt wieder die im netz
nein nein nein
wir erinnern uns trotzdem
auch wenn es falsch ist
wir erzählen trotzdem
auch wenn es gelogen ist
und weg sind sie
im chor der stummen leistungsträger untergegangen

moment
mir fällt da einiges ein
ruft jetzt einer im vorübertreiben
den mund voll wasser
zum beispiel

european homecare neunzehnhundertdreiundneunzig

tableau vivant der spätmoderne

parlando forte
bitte p u n k t g e n a u

DIE MUTTER die mutter hat zum vater immer nur erzeuger gesagt

DER VATER der vater hat das nie gehört!

DIE MUTTER nie gehört! nichts hat der erzeuger! ja genau der! irgendwann einmal gesehen und gehört! nur sich und seine verblendung hat er gesehen!

DER VATER während der erzeuger allerdings nur diese firma ja! diese firma!

DIE MUTTER deine kfz-werkstatt! dein reifenwechseletablissement! dein gummiabfalllager! diese schuldenfabrik!

DER VATER diese meine eigene kfz-werkstatt! ja genau die! die alle hier ernähren soll!

DIE MUTTER die mutter hat immer wie verrückt verantwortung! und zahlungsunfähigkeit! geschrien und aufsteigerträume! und fast gesungen hoch die töne und den vater angestiert so! und so! und so! und so! und jetzt hör mir aber zu! und die stimme richtung decke geschraubt! hörst du bitte! und dann wieder herniedergeregnet fortissimo! mein lieber! wenn deine unternehmung untergeht dann ersäuft deine familie mit dir!

DER VATER es erwidert der vater im hohen ton zurück was er denn und herrgott! er versuche doch auch nur! warum denn jetzt diese vorwürfe und herrgott! an ihm hängenbleiben! während er nur diese firma! sein unternehmen! und die damit verbundene selbstständigkeit! ja selbstständigkeit! im kopf hatte!

DIE TOCHTER die tochter ist unterm tisch zwischen den füßen des erzeugers und der mutter hin- und hergerobbt es roch nach alten reifen abgenutztem gummi schlechten träumen

DIE MUTTER und die mutter hat die stimme wieder erhoben beim teutates! diesen selbstsüchtigen diesen idioten! der seine familie unter seiner selbstverschuldeten selbstständigkeit begräbt

DER VATER und der vater hat vor lauter stolz und sturheit zurückgedonnert wie sonst wer und wer bin ich denn! hat er voller spätkapitalistischer verblendung gesagt und verstehen! verstehen! man soll auch mich verstehen! kein lohnarbeiter mehr! hat er über den tisch hinübergebrüllt dass von der wand die schöne holzuhr das erbstück aus einer anderen zeit und dann noch einmal hinüber über den tisch damit jetzt endlich einmal ich versuche ja auch nur für euch das beste! hat er über die tischplatte hinweg der mutter ins gesicht hinübergeschrien ins gesicht hinein! herrgott noch einmal! ins gesicht hinein! hat er geschrien! das beste!

DIE MUTTER ach was das beste! familiengrab! und ein so ein witz! du denkst nur an dich und deinen erfolg! mit deinen autoreifen! hat die mutter natürlich gleich pariert und hat ihn an die wand laufen lassen mit einem spiel dich nicht so auf! und einem schrei hier nicht so herum!

pause

DIE MUTTER UND DER VATER UNISONO jetzt sag doch auch einmal was sag einmal! einander angeschrien und sofort pariert aufgesprungen und wieder herumgeschrien wir alle zusammen hier! und gemeinschaft! und familie! ja genau familie! also ja sag ich ja! nein du denkst nur an dich! selbstständigkeit! autonomie! gemeinschaft! familie! haben sie geschrien und ungläubig von oben herab dem anderen in den nacken hinein! und dann zurück und wieder mit der familie ja das ist ja! und gleich retour auch meine familie! das ist auch meine familie! und das gibts ja nicht! du hörst mir ja gar nicht! nein du hörst mir nicht du hörst mir rein gar nicht jetzt hör einmal hin! den ganzen tag nur fernsehen! ich verdiene das geld! ich verdiene auch mein eigenes geld! und erziehe die kinder! und du! privatkonkurs! nein selbstständig!

DIE GROSSMUTTER die großmutter kam dann immer dazu und hat versucht zu schlichten

DER VATER der vater hat sich sofort richtung vernunft gerettet

DIE MUTTER die mutter hat nur luft ausgestoßen! so pah! vulgär deine vernunft!

DIE GROSSMUTTER die großmutter hat die tochter immer lauschend unter dem tisch sitzen sehen sie hat der tochter immer kurz und so verstohlen zugezwinkert

DIE MUTTER diese autowerkstatt war das dümmste was der mit unserem ersparten je hat machen können kein mensch braucht hier noch eine autowerkstatt und jetzt geht die baden und wir gehen mit!

DER VATER niemand geht baden! dank dieser firma sind wir selbstständig! unabhängig! freie mechanikermenschen!

DIE GROSSMUTTER immer wenn die großmutter gezwinkert hat musste die tochter kurz und heimlich lachen dann hat die großmutter auch kurz gelacht heimlich und verstohlen mit alten spröden gespitzten lippen

DIE MUTTER die mutter hat immer gesagt das geht so nicht weiter das geht einfach nicht jetzt übernimm doch einmal eine verantwortung! übernimm doch eine verantwortung auch für andere menschen! ich hör immer nur unabhängig! hat die mutter geschrien! ja geschrien hat sie! ich kann das nicht mehr jetzt ist schon wieder eine rechnung da! wir können die rechnung nicht! kein mensch braucht in zwanzig jahren noch ein auto! deine freie werkstatt ruiniert uns alle!

DIE GROSSMUTTER die großmutter hat dann die mutter beiseitegenommen den vater hinter sich hergezogen und ist woandershin mit ihnen damit sich die tochter später nicht wird erinnern können an das viele geschrei und die streits und die probleme mit der selbstständigkeit und den vielen neuen möglichkeiten die die jungen paare in der freien welt heimsuchen und so durcheinanderbringen dass sie sich vor lauter freiheit gegenseitig den ganzen tag lang anschreien

DIE TOCHTER hinterhergeschaut hat die tochter der großmutter dann ist sie langsam unter dem tisch hervorgerobbt

DIE MUTTER und eine tochter! hat die mutter geschrien! haben wir auch noch! und wir beide vergessen das andauernd! hat die mutter geschrien vollkommen überfordert! ja! wie sie war!

DER VATER der vater bemüht sich ja auch mitzuhelfen! herrgott! noch einmal! herrgott! aber so als angehender selbstständiger in einer sich beschleunigenden globalen wirtschaft die alle grenzen einreißt da ist das mit der selbstständigkeit gar nicht so einfach!

DIE GROSSMUTTER die großmutter hat versucht zu vermitteln und zu erklären aber sie musste sich eingestehen dass es für sie auch schwierig geworden war zu verstehen worüber sich die jungen jetzt streiten die hatten doch jetzt alles arbeit selbstständigkeit freiheit und jeden sommer nach kroatien

DIE TOCHTER dann ist die tochter zur treppe geschlichen auf nackten füßen dann von dort am treppengeländer hinuntergetanzt vorbei am großvater der den fernseher immer so laut gedreht hat weil er schon früh taub geworden war oder das geschrei nicht hören wollte die tochter hat ihn immer lange angesehen ungläubig und befremdet wie man frisch verendete tiere auf der straße ansieht

DIE GROSSMUTTER die großmutter hat immer der tochter hinterhergesehen und gesagt das kann es jetzt nicht sein! ihr müsst doch! hat sie dann gesagt in der lage sein euch da zusammenzuraufen! das muss doch!

DER VATER ja! der vater hat schon zugestimmt! aber hat auch klargemacht dass er ja am zusammenarbeiten sei! nur noch ein bisschen! ja! nur noch ein bisschen braucht der vater bis die werkstatt anläuft ein ganzes unternehmen! ruhe schließlich hier! auf seinen schultern! die ganze last eines eigenen unternehmens! für diese last müsse man doch auch ein verständnis zeigen!

DIE MUTTER diese ignoranz! ich habe doch auch zu arbeiten! und soll noch erziehen und der will sich nur mit seiner neuen selbstständigkeit wichtig machen und setzt eine ganze familie aufs spiel und sie hat sich die tränen nicht heimlich aus dem gesicht gewischt weil ihr der neue geist des kapitalismus der aus dem vater herausgekrochen kam als vogelfreier mechanikermensch so wehtat und sie hat wieder geschrien und so! und so! und was ist denn dein problem eigentlich hat sie dann immer geschrien und aber jetzt subito fortissimo! warum rationalisierst du deine selbstausbeutung! und verkauf doch den dreck!

DIE TOCHTER der großvater hat die schreie gehört die nase gerümpft und immer nur angst gehabt er hat sich immer nervös umgesehen während die tochter an ihm vorübergeschlichen ist er hat angst gehabt vor den ausländern vor den flüchtlingen vor dem krieg von all den dingen die im fernseher erzählt wurden die die neue freie welt schon wieder bedrohten jetzt wo die roten verschwunden waren

DER VATER nein nein nein! und im bett hat sich der vater noch herumgedreht und aufgebäumt! und seine selbstständigkeit stellt ihm hier jetzt keiner in frage!

DIE MUTTER was denn selbstständigkeit! du willst dich doch nur nicht blamieren vor deinen bekannten! du gehst doch bis in den privatkonkurs hinein als vogelfreier mechanikermensch!

DER VATER ein eigenes unternehmen! ein selbstständiger! kein schlecht bezahlter arbeiter mehr nein ein selbstständiger arbeiter ein eigenständiger unternehmer ab heute! und dafür muss auch einmal ein risiko her! und der zweck der familie ist dem selbstständigen ein rückgrat zu sein!

DIE TOCHTER die tochter hörte nur worte hin und her fliegen schlich sich vorüber am großvater der die nase rümpfte und angst hatte vor den flüchtlingen vor den sozialschmarotzern vor den fremden in der ganzen welt die die freie welt überschwemmen sollten

DIE GROSSMUTTER die großmutter starb kurz nach millennium beim spazierengehen fiel sie einfach zur seite hin um der schnee auf der straße knirschte

DIE TOCHTER die tochter ging nicht zum begräbnis

DIE GROSSMUTTER nein der schnee krachte

DER VATER die tochter hatte sich mit dem vater zerstritten

DIE GROSSMUTTER nein der schnee knisterte

DIE MUTTER die mutter stand etwas abseits und stellte fest dass der tod immer schlimm ist im winter aber noch schlimmer

DIE GROSSMUTTER nein das eis auf der straße klirrte bis es schmolz unter den stiefeln der sargträger

jetzt eine sich aufbäumende materialflut
aufgescheuchte erinnerungen stürmen die bühne

impetuoso ma mesto

herein brechen materialfluten darauf entgegen fortissimo
treiben wieder ertrunkene glückssuchende chöre
erinnerungen die um die wette rudern
hinterher dem goldenen zeitalter

schon wieder die neunziger
zwei chöre unisono
herein brechen jetzt also eine zeit
in der alles möglich eine parade der gleichberechtigung
und dahinter weltfrieden geld markt befreiung
und all die heilsversprechen alles
noch unberührte natur fröhlich am gedeihen
schreien die dunklen fordisten die das schlachtfeld verlassen
die zu grabe getragen über den feldern

wo jetzt erblühen explosion freiheit glück
konfetti demokratie kamera sarajevo bagdad
der markt wird endlich vollendeter körper
und überhaupt das goldene zeitalter
schreien die vorübertreibenden im chor
das goldene zeitalter oder wie alles begann

das goldene zeitalter oder alles begann in einer zeit
in der alle sprachen vom frieden vom weltmarkt
von der eroberung neuer märkte vom sozialkassenglück
das fröhlich besoffen in der türe stand
und nach frischem geld roch

das goldene zeitalter oder
es hämmerte zusammen einer seine selbstverwirklichung
während das geld floss
in die letzten hintergemeinden hineinfloss
das geld in die mittelschicht hineinfloss
in die letzten sozialen nischen hineinfloss
nachdem die mauern brachlagen hineinfloss
das geld in die endlich freie welt hineinfloss
das geld floss und floss
und das gehämmer weltweit des marktes
erklang und glocken läuten und mehrere chöre jetzt
zum markt hin tragen sie ihre unschuld und
schreien
das goldene zeitalter oder wie alles begann
im ersten weltzeitalter

der markt expandiert in zeit und raum und zukunft
und natur und markt und noch nicht
hatte gefällt auf heimischen bergen die fichte
andere welt zu sehn sich gesenkt in die flüssigen wogen

andere jetzt die um hilfe rufen
die unfreiheit wird abgesägt zu tale
hinabgetragen die freiheit auf den transparenten
auf ewig festgenagelt eine kommende freiheit
und die wirklichkeit ein frohlockender münzschaum

geld floss in die politik hinein
geld floss aus den märkten heraus
über die ganze welt und nimmer verletzt
gab alles von selbst die gesegnete erde
und mit speisen zufrieden die zwanglos waren
gewachsen lasen sie arbutusfrucht erdbeeren

an sonniger halde oder am rauen gerank
brombeeren und rote cornellen
und von dem ästigen baume des iupiter fallende eicheln

und ein chor unter fallenden eicheln schreit dazwischen
das goldene zeitalter oder hinein floss das geld in die welt
überflutet die zeitalter löscht aus
fortissimo scheucht auf
die erinnerungen hetzt über die bühne die falschen töne
und irgendwo darin strample ich
schreit jetzt ein anderer chor

das goldene zeitalter oder
alles begann mit dem kautschuk
der aus den bäumen herausgeschnitten wurde
und den autos um die räder gespannt wurde
nach den segeln kamen die reifen

das goldene zeitalter oder
es hämmerte zusammen einer seine selbstverwirklichung
schreit ein chor
und ein anderer schreit zurück
kein land mehr in sicht vom bühnenrand aus

und herein brechen materialfluten
schwere große segel die hinabziehen
die glückssuchenden die exoten
die ausgestiegenen die vergessenen
es ziehen vorüber mehrere finanzkrisen
ein jahrhundert eine industrielle revolution
und das glück das versprochen wurde
treibt daneben her aufgedunsen
langsam zersetzt sich ein körper im meer

und daneben her in alphabetischer ordnung
mit dem gesicht nach unten wortlos
die werte der freien welt

und es ziehen vorüber die entdecker
der flexible urgummi der starre naturzustand
es zieht vorüber ein unentdeckter markt

manaus brasilien achtzehnhundertneunzig
britisch-deutsche kautschuk-handelsstation

danza delle ore
andante poco mosso leggerissimo con grazie

DER JUNGE DEUTSCHE ARCHITEKT FELIX NACHTIGAL WANDERT DURCHS PARADIES die schlammigen baracken am ufer des río negro überall kaufleute sklavenhändler europäer die mich anlachen und mich bitten grüße nach europa zu bestellen ich sage dass ich die nächsten jahre hierbleiben werde ich habe vor hier nicht nur eine oper sondern eine andere kultur ich habe vor hier nicht nur die oper sondern einen neuen menschen mit dieser oper in manaus wird nicht nur eine oper gebaut es wird nicht nur ein ort den gnaden der musik geweiht nein ich habe vor hier nicht nur eine oper sondern eine andere gesellschaft ich habe hier vor nicht nur zu bauen sondern zu gestalten ein neues design für eine neue zeit ich werde entwerfen und konzipieren ein arzt grüßt mich und injiziert einem flussindianer die pocken er klopft ihm auf die schulter und schenkt ihm folgende dinge ein lächeln mit silberzähnen ein stück zucker eine pockenepidemie für seine familie und schließlich ein lebewohl über das sich der flussindianer am meisten freut nein sage ich nicht nur eine oper nicht nur ein kunstwerk sondern eine neue zeit werde ich der welt in manaus hinterlassen

DER ENTWICKLUNGSHELFER MAJOR LUIS MADOFF NEVEZ ERLÄUTERT INTERESSIERTEN SEEFAHRERN DIE ZUKUNFTSBANG NACH VORNE SCHAUEN ZUR BERUHIGUNG DIE NATUR DES MARKTES wir setzen hier in manaus doch nur den natürlichen prozess in gang schauen sie ohne uns würde die natur hier nicht in fahrt kommen ohne uns würden diese eingeborenen hier nie mit dem natürlichen geschehen in kontakt ach schauen sie doch nicht so entsetzt wegen ein zwei opfern unterm strich leisten wir hier entwicklungsarbeit und eine jede entwicklung fordert eine arbeit am ende werden sie es uns danken wir sind die unsichtbare hand die hier die natur des marktes selbst durchsetzt am ende werden wir verschwunden sein und der markt wird sich von selbst eingerichtet haben wir werden nur kurz hier gewesen sein werden nur kurz hier dem markt auf die beine beziehungsweise unter die hände nicht wahr weil von alleine lernt die natur ja schließlich auch nichts und dann werden wir verschwunden sein

DER JUNGE DEUTSCHE ARCHITEKT FELIX NACHTIGAL WANDERT DURCHS PARADIES eine junge indianerin kopfüber an einem bein am baum schreit nicht weil zu müde die händler schleifen ihre beile sie hat gestohlen ein lausiger vorwand sie ist auch nicht mehr bei kräften man braucht sie nicht mehr ihr fleisch hingegen mit arsen vermischt als kräftigender eintopf als kleine aufmerksamkeit an ihren stamm zurück nein sage ich mir zuerst die oper dann ein neuer kontinent zwei ihrer finger fehlen schon wahrscheinlich wurde sie schon tagelang gefoltert blaue flecke nein sage ich zuerst diese oper und dann ein anderes leben zuerst die oper in manaus und dann eine andere welt also sage ich lassen sie diese frau gehen zuerst die oper ich beanspruche ihr leben lassen sie diesen menschen gehen zuerst eine oper

EINIGE BRITISCH-DEUTSCHE HÄNDLER LÄSSIGE PIONIERE IN WEISSEM TWEED BEIM SELFIE SCHIESSEN UNTERHALTEN SICH ÜBER DIE ZUKUNFT VON MIKROPROZESSOREN dann sagen die chemiker dann erst die eisenerze coltan und tantal zuerst der kautschuk das plastik die reifen um die welt zu erschließen dann die eisenerze coltan und tantal die in tieferen erdschichten zu finden sind noch brauchen wir aber die oberen erdschichten um kautschuk darauf anzupflanzen wir kümmern uns jetzt erst einmal um die erdoberfläche später dann die tieferen erdschichten wenn mikroprozessoren erfunden sein werden im frühen industriezeitalter kümmern wir uns zunächst um die erdoberfläche erst später greifen wir auch tiefer in die unteren schichten des planeten ein wir verändern den planeten langsam so dass er es nicht begreift und wenn er es begreift keine kraft mehr besitzt um sich zu wehren beim foltern müssen sie langsam vorgehen sodass ihr opfer immer noch zeit genug hat sich das grauen des nächsten schritts vorzustellen und die angst ihr opfer am leben erhält wenn sie zu schnell gleich dann verlieren sie ihr opfer ohne ertrag nein sagen die chemiker wir haben alle zeit der welt zunächst die erdoberfläche dann langsam die tieferen schichten dort wo die erinnerungen eisenerze coltan tantal lagern

ANDERSWO KAUTSCHUKBLÄTTER FALLEN ZU BODEN ERLÄUTERN VERÄNGSTIGTE INVESTOREN DEN HEIMISCHEN GRUNDSTÜCKSBESITZERN HORRORSZENARIEN IM FALLE INTERNATIONALER ÜBERNAHMEN stell sich einer vor die chinesen kommen ja stell sich einer vor die chinesen die wollen ja mit dem weltmarkt nichts zu tun und wenn die langsam stück für stück vom weltmarkt an sich reißen die lassen sich ja jetzt schon im rhein-main-gebiet nieder nein stell sich einer vor die kommen nach brasilien und reißen sich den hiesigen gummi unter den nagel die kennen da ja keine gefangenen die chinesen da müssen wir unsere interessen im sinne der freiheit am markt verteidigen und china im wettexportieren niederstechen also verkaufen sie jetzt ihre waldstückchen da bekommen sie noch faire preise und nehmen teil am freien weltmarkt stell sich da einer vor die chinesen kommen

EINE INDIANERIN SOLL IN DIE KAMERA LÄCHELN UND AUTHENTISCH DIE KAUTSCHUKPRODUKTION DARSTELLEN SIE IST NACKT SCHMUCK HÄNGT IHR UM DEN HALS UND AM RÜCKEN HAT SIE STRIEMEN OBJEKTIVE EXPERTINNEN REDEN TROTZDEM ÜBER SIE HINWEG kautschuk oder weinende bäume kautschuk heißt auch träne des baumes die kollert hinunter in die weltweite gummiproduktion hinein die kollert hinunter in die verhütungsmittel hinein die kollert die rinde hinab dank den europäern explodieren im urwald die märkte und harte währungen können sich durchsetzen die mechanismen des marktes selbst ein naturprodukt wie uns ethnologen jederzeit bestätigen werden der markt greift weltweit um sich weil die freiheit so schön elastisch ist wie unser neuer gummi niemand zwingt am freien markt zu kauf oder verkauf alles geschieht ausnahmslos freiwillig widerstand gegen den freien markt ist zwecklos die polymere verbinden sich ganz natürlich zu einem elastischen netzwerk und sind dabei ganz flexibel in ihren haltungen

ES VERZEHNFACHT SICH DIE KAUTSCHUKPRODUKTION SO ZUMINDEST GUMMIMARKTANALYSTEN MIT DIGITALKAMERA SCHIRM CHARME UND AMAZONASMELONE DANDYHIPSTER DIE AN DEN UFERN DES RIO NEGRO DIE KAUTSCHUKPRODUKTION DOKUMENTIEREN längst ist der gummi in europa angekommen und findet vielseitige verwendung die automobilindustrie boomt ein naturprodukt das von der natur nicht wieder zurückgenommen werden kann aber mittlerweile automatische spurkorrektur erlernt vielleicht kann sich der ja auch selbst wieder auf die richtige spur bringen der gummi lässt sich leicht überziehen ist flexibel passt sich jeder gesellschaft an im gummi ist dem prekariat sein präservativ den spannen wir über ganze kontinente bis die reifen kein mensch mehr braucht und dann können sie jahrelang verbrennen

DER JUNGE DEUTSCHE ARCHITEKT FELIX NACHTIGAL WANDERT DURCHS PARADIES ich sage lassen sie diese junge frau gehen nein sage ich zuerst die oper dann die kultur und wenn dann muss es hier beginnen also lassen sie diese frau gehen

EINIGE DEUTSCHE GUMMIBARONE DIE SICH SO DARÜBER FREUEN DASS BALD DER CARUSO WIRD SINGEN IN DER OPER ODER WARS DER KINSKI AUF JEDEN FALL EINE OPER HIER IM AMAZONAS DAS FORDERN SIE der gummi hat uns ganz schön ins schwitzen gebracht und jetzt fließt das geld nur so über die ozeane die städte explodieren die letzten indios werden verkauft wir meinen freigesprochen von ihrer grundstückslast die so endlich in die ewigen profitgründe eingehen kann und sich jetzt so hier im kautschukwunderwahnsinn frei zu erleben ist schon ein herrliches gefühl es triumphiert am ende eben doch die freiheit über alles jetzt wo die planwirtschaft gescheitert ist bauen wir hier unser gummirohstoffreich und sie herr architekt sie bauen unsere gummioper

DER JUNGE DEUTSCHE ARCHITEKT FELIX NACHTIGAL WANDERT DURCHS PARADIES mit gezücktem revolver wenn ich sage sie sollen diese frau loslassen mit gezücktem revolver hingestürmt auf die beiden und geschrien und gesagt diese frau lassen sie diese frau loslassen hören sie also lassen sie los und die frau fällt und liegt nackt verloren verwundbar sieht mich an fremd

DER ENTWICKLUNGSHELFER MAJOR LUIS MADOFF NEVEZ JETZT WÄHREND RUND UM IHN TRUBEL AUSBRICHT VERSUCHT DIE FASSUNG ZU BEWAHREN IN DEM CHAOS ALS PREKÄR BESCHÄFTIGTER NGO-MISSIONAR IST ER DEN INSTITUTIONEN AUSGELIEFERT die unsichtbare hand ach jetzt schauen sie nicht so entsetzt die mögen das nackt sein und die händler kommen nur deshalb aus europa weil die hier alle nackt herumlaufen sie sind doch auch nur hier weil sie die eingeborenen brüste einmal sehen wollten kommen sie dort hinten sind sie günstiger der markt hat hier schon den körper entdeckt das dauert in europa noch gut hundert jahre wir sind die vorhaut der natur empfehlen sie den deutschen politikern doch einmal adam smith empfehlen sie ihnen die lehre von der natur des marktes die deutschen sind doch da immer hinten nach die werden von ihren drei säulen des sozialstaats noch erschlagen das kommt weil ihnen der import export fehlt die müllen zu viel in ihrer eigenen kultur austausch ist die zukunft sie haben ja zu wenig kolonien nur im kongo nicht wahr dort können sie dann mit ihren pockenimpfungen experimentieren die sie hier schnell verurteilen aber in unseren mackintoshs und unseren fords herumfahren mit unseren kautschukreifen ja was glauben sie denn woher der gute kautschuk für die frühkapitalistischen reifen und mackintoshmäntel kommt ach schauen sie nicht so entsetzt die ist nackt und weiß nur so kommt sie nach europa

DER JUNGE DEUTSCHE ARCHITEKT FELIX NACHTIGAL WANDERT DURCHS PARADIES leere augen auf die beine ich helfe ihr mit gezücktem revolver sage lassen sie diese frau los und die beiden bauern verschwinden lachend meine jacke mit gezücktem revolver ich gebe ihr meine jacke hier und sie versteht nicht und läuft ich laufe hinterher

DER ENTWICKLUNGSHELFER MAJOR LUIS MADOFF NEVEZ SIEHT DEN JUNGEN DEUTSCHEN ARCHITEKTEN FELIX NACHTIGAL UND VERLIERT EINE TRÄNE WEIL DER ZUSTAND DER WELT EINE SO EINE SCHWEINEREI IST ab ins gebüsch die jungen liebenden sie irren vorüber verzweifelt auf der suche nach dem unberührten echten wilden leben oder ist es nur gerechtigkeit ein jedes gefühl sucht sich seinen weg ein jedes produkt findet seinen markt der wettlauf auf dem weltmarkt wird zur verfolgungsjagd in der die langsamen vorüberziehen das spielfeld wird zum schlachtfeld der dschungel wird zum wald aus lauter bäumen der junge mensch findet sein glück heute nicht mehr in der flucht die welt ist doch längst erschlossen aber lassen wir ihn noch ein weilchen laufen vielleicht lernt er was

ungebremst jetzt die materialflut
spuckt plastikmüll gummireste und erinnerungen aus

vivacissimo arpeggio

vorüber ziehen jetzt über den mittelatlantischen rücken
vermisste die das meer bereist
ausgezogene weitgereiste die die welt entdeckt
oder in ihr verloren gegangen

darüber die fluten schlagen als gäbs kein morgen
sechzigtausend kilometer unterseeisches gebirge
sechzigtausend kilometer strömungen höhlen fluten
vorüber treiben containerladungen versenkter hoffnungen

jetzt rudert vorüber guðriður þorbjarnardóttir
enkelin eines britischen sklaven
die um das jahr eintausend reiste
von norwegen nach island grönland vinland
grönland norwegen island rom island
traf überall menschliche siedlungen und gebar
das erste europäische kind
auf amerikanischer erde snorri thorfinnson

jetzt masten die bersten containerwände
die stöhnend über bord gehen
es schlittern über deck schreie
es greifen unsichtbare hände ein
in einen markt der sich
beim regulieren ertappt fühlt

dann wieder in der tiefe hier jetzt
spuren die sich verlieren

es schlagen wild um sich
die möglichkeiten vielleicht die vorüberziehen
enrique melaka malaiischer sklave und
übersetzer in der flotte magellans
erster mensch der umrundete den planeten
seine spuren verlieren sich hier jetzt hier in dieser tiefe

es ziehen vorüber erinnerungen
die nie werden stattgefunden haben
zukünfte die ersticken jetzt in den fluten
containerwände wohin das auge blickt die
ächzend kippen aufschlagen erschlagen
und es kotzt mich an der markt
schreit einer jetzt den mund voll wasser
es kotzt mich an diese scheiße immer mit dem freien markt
dass man einfach nur laut in den ozean hineinschreien möchte
eure märkte kotzen mich an
den mund voll wasser an eine harpune gelehnt

oder jetzt vorüber ziehen hier
die ersten versuche den planeten zu vermessen
während die fluten sich türmen
brendan ein irischer heiliger der um fünfhundertzwölf bereits
die kanarischen inseln von irland aus bereiste
niemand hat ihm je geglaubt was er gesehen
schon erblindend laut stammelnd diktierte er in wirren bildern
verrückte legenden von riesenfischen
und inseln voller neuer menschen
die ihn freundlich empfingen

oder hier jetzt
abu abd allah muhammad ibn muhammad
ibn abd allah ibn idris al-idrisi kurz

al-idrisi
muslimischer entdecker geboren an der außengrenze
in ceuta sein leben lang auf der flucht
reist quer durch europa
vom königreich jórvík durchs mittelmeer
durch anatolien bis zum indischen ozean
vermisst als erster die horizonte
meißelt eine karte in fünf mal fünf meter stein
unterteilt die welt in sieben klimazonen stirbt
auf der flucht in sizilien

es zieht vorüber laut schreiend land
gunnbjörn úlfsson land
entdeckt bei einem schweren sturm land
in der ferne nordamerika
kommt dann vom kurs ab
und sucht sein leben lang danach

und wieder hier ein anderer jetzt
piri reis treibt kopflos vorüber
bedeutendster kartograph pirat wichtigster
navigator seeräuber seiner zeit
stellte sich der gesamten portugiesischen flotte
mit nur drei schiffen und siegte
enthauptet fünfzehnhundertvierundfünfzig
mit vierundachtzig jahren

und wieder ein anderer jetzt
der hintennach rudert
und in die fluten hinein
flüstert
kein überleben ohne schifffahrt
keine schifffahrt ohne umsatz
von körpern in arbeit ware schweigen mission kapital

II
mi par d’udir ancora

european homecare zweitausendvierzehn

teneramente con durezza
striche nach wahl

DIE TOCHTER terroristische verbände rücken auf die europäische außengrenze vor die griechischen rettungsschirme sind kurz vorm reißen der versprochene aufschwung ein zahlendreher im moment allerdings vertreter der deutschen regierung beim besuch einer ebola klinik in jena was man nicht sieht wie die flure geräumt werden dafür wie zwei patienten an den folgen dieses besuchs und der allgemeinen hektik sterben die öffentlichkeit allerdings atmet erleichtert auf wegen der erhöhten hygienestandards mehrere österreichische politiker wurden schuldig gesprochen der korruption des missbrauchs der menschenfeindlichkeit insgesamt ein #aufschrei wieder geht durchs land man legt berufung ein im mittelmeer sinkt ein schiff langsam zu boden ein anschlag auf den amerikanischen präsidenten wurde in letzter sekunde vereitelt einige jugendliche schicken sich gegenseitig enthauptungsvideos mexikanischer drogenkartelle das geräusch das ensteht wenn die lunge immer noch luft in die luftröhre pumpt um zu schreien die luftröhre aber von den stimmbändern getrennt ist und die warme luft aus der lunge einfach so entweicht ohne stimme zu werden ein subjektloses röcheln bleibt einem der jugendlichen für immer im kopf sie kommentieren dass sie gern mehr close-ups hätten und eine tänzerin dreht jetzt alleine auf einer bühne ihre runden sie dreht mehrere auf einmal fällt stolpert steht aber sofort wieder auf und wiederholt alles noch einmal

in großbritannien ziehen die herbeiprognostizierten werte für jugendarbeitslosigkeit tiefe gräben durch die gesellschaft die dort nicht existiert vor afrika ist ein schiff mit zweitausendfünfhundert containern voller macbooks gekentert fischer sammeln jetzt die teuren elektronischen sonderteile ein tauchen ohne ausrüstung in lebensgefährliche tiefen apple zahlt monsterpreise aus einem versicherungsfonds der mit dem kentern des schiffs schwere schäden an der börse hinterlassen hat man weigert sich nach wie vor alternativen vorzuschlagen weil der markt gerade nicht stabil ist und schwer zu sagen ist was die folgen von radikalen eingriffen wären echte nacktfotos von berühmten superstars erregen weltweit aufsehen die tänzerin kann nicht mehr und überprüft jetzt ob sie neue nachrichten erhalten hat sie dehnt sich dabei manchmal lächelt sie und atmet erleichtert auf sie wiederholt ihre übung noch einmal diesmal fällt sie heftiger denn je und bleibt kurz liegen etwas an ihr ist anmutig wird ihr oft gesagt sie empfindet sich im prinzip aber als guten durchschnitt denkt sie sich jetzt so im liegen schwer atmend sie vergleicht sich manchmal mit anderen frauen ihres alters würde das allerdings nie zugeben denkt sie sich jetzt heimlich und steht wieder auf sie atmet lange und versucht dann erschöpft verschiedene bewegungen langsam und genau durchzuführen sie überprüft ihren körper und verlangsamt die bewegungen bis sie kaum noch wahrnehmbar sind

zuhause trinkt sie tee sie arbeitet jetzt endlich als tänzerin in einem ensemble fix für zwei jahre vorher hat sie sieben jahre studiert mit verschiedenen choreografen nicht fix gearbeitet ihr studium musste sie sich querfinanzieren ihren einstieg querfinanzieren die vielen unbezahlten workshops bei wichtigen choreografen querfinanziert die wohnung querfinanziert unterm strich ihr ganzes leben eine querfinanzierung ihre absichten und möglichkeiten querfinanziert ihr körper eine einzige querfinanzierte haltung sie hat noch vier bis höchstens sechs querfinanzierte jahre dann wird ihr körper anfangen gegen sie zu arbeiten sie wird dann mehr trainieren müssen sie wird heftiger an sich arbeiten müssen sie wird bis dahin etwas geld angespart haben müssen und muss sich überlegen wo sie bis dahin unterkommt das wort unterkommen macht ihr etwas angst sie möchte sich damit nicht beschäftigen müssen sie möchte sich nicht fragen müssen wo sie einmal unterkommt ob ihr weg nach oben eher eine art unterkommen ist ein querfinanziertes oben als neues unten heimlich fragt sie sich das manchmal bei anderen menschen sind die schon untergekommen ist es das was sie sein wollen sind sie dort gelandet wo sie hinwollten sie hat angst davor eines tages aufzuwachen und zu denken jetzt bist du jemand geworden der du bleiben wirst du bist jetzt du selbst geworden und womöglich ist sie dann jemand der sie nie sein wollte aber das ist sie selbst jetzt sie selbst die sie nie sein wollte vor der sie immer angst hatte auf die sie immerzu gewartet hat oder sie ist an einem ort der sie zu etwas macht das sie nie sein wollte sie gesteht sich all diese ängste allerdings nicht wirklich ein möchte stattdessen einen klaren kopf behalten trinkt zügig den tee und blättert durch die zeitung als ihr telefon wieder vibriert freut sie sich sie fühlt sich wieder jünger die seit den frühen neunzigerjahren operierende firma european homecare senkt die unterhaltskosten von flüchtlingen erneut zwölf euro neunzig kostet einen mitteleuropäischen staatshaushalt ein flüchtling am tag die drei säulen des sozialstaats ächzen arg sind wahrscheinlich schon gefallen wir haben nur den aufschlag noch nicht gehört wie beim gewitter wenn der blitz längst verschwunden ist bricht erst der donner übers land herein ngos protestieren russland überlegt erneut militärische schritte in amerika explodieren die ölpreise es ist allerdings nur ein anruf ihrer mutter die sie rein technisch gesehen natürlich gern hat jetzt allerdings gerade nicht sie wartet bis das klingeln erstickt ist und ruft dann nach einer weile zurück

DIE MUTTER die mutter starrt die alten reifen an die gerade verladen werden und freut sich weil das telefon! die mutter möchte von der tochter sofort wissen wie es ihr geht sie w-

DIE TOCHTER die tochter seufzt! und hört angestrengt zu! dann nickt sie! dehnt sich und sagt dass sie ein vorsprechen in einem ensemble hat! einem guten ensemble! einem wichtigen! einem in dem sie keine chance hat! aber sie wird trotzdem dort vortanzen! damit der choreograf weiß dass sie existiert!

DIE MUTTER die mutter seufzt! und nickt und sagt du wirst das schaffen du bist meine beste!

DIE TOCHTER die tochter findet das nett! sehr nett! und lieb! aber sie braucht eigentlich ein geld!

DIE MUTTER die mutter erläutert lang und breit und das haus und überhaupt und dass der vater wieder ein bisschen stabiler und sie weiß ja auch nicht! ich weiß ja auch nicht mehr was jetzt noch hereinbricht!

DIE TOCHTER die tochter unterbricht! sie sagt dann dass du einmal zuhören sollst! weil die tocher möchte eher bei den fakten bleiben und die fakten sind der vater wird nach dem schlaganfall bald sterben! das gilt es zu akzeptieren! den tod! und wer soll sich dann um die mutter! wer weiß ob die tochter nicht ein echtes festengagement einmal bekommt im ausland! da muss ja für die mutter gesorgt sein!

DIE MUTTER das will die mutter nicht hören! da wechselt sie das thema! die mutter möchte noch einmal versuchen über das haus –

DIE TOCHTER die tochter wird den verkauf des hauses regeln! die mutter soll ihr das haus überschreiben! damit sie nicht abgezockt! ja abgezockt! in der heutigen flexibilisierten ökonomie wird man nämlich schnell! mutti! schnell übers ohr gehauen!

DIE MUTTER o.k. o.k. o.k.! es sind halt einfach alle meine sachen dort! die tochter war ja jetzt auch schon lange nicht mehr! du könntest ja einmal vorbeikommen wieder!

DIE TOCHTER ihr hättet einfach früher schon einmal überlegen müssen wie ihr das im alter euch noch finanzieren wollt! das war ja klar dass diese werkstatt irgendwann untergehen wird!

DIE MUTTER einfach vorsichtig! einfach unsicher! für die mutter ist das einfach nicht so leicht! wer ist denn jetzt noch da sonst außer der tochter!

DIE TOCHTER und für die mutter auch! für die mutter ist dann auch gesorgt!

DIE MUTTER die mutter hat das jetzt nicht also richtig gehört hat sie das nicht daran wollen wir jetzt noch gar nicht –

DIE TOCHTER aber die tochter hat schon genug darüber mein leben! sagt sie dann und möchte dass die mutter genau zuhört und mein leben! erklärt sie dann wieder und schon genug unsicherheit und dieses haus! und zu groß! und mit dem vater darin der nur noch verwirrt durch die gänge irrt!

DIE MUTTER die mutter weiß auch nichts zu sagen sie stimmt der tochter zu aber mein leben! sagt sie dann trotzdem und hat angst weil sie nicht weiß was genau passiert ist dass sie sich jetzt so kurz angeb-

DIE TOCHTER die tochter hat jetzt einfach keine zeit ich muss trainieren! also arbeiten! weißt du lass uns einfach demnächst noch einmal sprechen

DIE MUTTER die mutter möchte der tochter jetzt auch nicht im weg stehen! aber sie hat trotzdem einfach eine angst vor vielem eine ungewissheit sitzt ihr auf der stirn den ganzen tag! die ganze alte ökonomie die jetzt aus der werkstatt hinausgeschafft wird!

DIE TOCHTER die tochter hört der mutter entnervt zu die dehnt sich dabei und nickt hin und wieder und manchmal sagt sie dann sanft natürlich! natürlich! überschreib mir das haus! und ich kümmere mich darum!

DER VATER die mutter redet verunsichert in ihr handy hinein dabei starrt sie die möbel an die kleidung die schuhe die wände die decke die fenster das geschirr den kühlschrank die ceranfelder das auto das haus und die landschaft die einfahrt die wohnräume der großeltern die keiner mehr braucht jetzt die vielen leeren zimmer in denen sie alleine hockt all das privateigentum das ihr jetzt ganz alleine gehört das sie jetzt ganz für sich alleine hat die fotos die erinnerungen die vorüberziehen jetzt wieder langsam die werkstatt die maschinen das werkzeug die überzeugungen und die vielen streitereien wegen den schulden die irgendwann auch vorbeigezogen sind mit denen sich der vater seine zukunft auf den autoreifen aufblasen wollte bis alles geplatzt ist vor allem die kredite die irgendwann die ganze firma mitgerissen haben und der geruch von verbranntem gummi hängt jetzt in der luft

manaus brasilien achtzehnhundertneunzig
flucht in den globalisierten marktdschungel
der kapitalismus kolonialisiert zuerst das fremde und später
den eigenen körper

presto possibile ma risoluto

AUSBLUTEND EIN KÖRPER AN EINEM MARKTPLATZ UNKLAR OB ZUR ZIERDE ODER WIRD DER VERKAUFT IST ES SCHON EIN MENSCH ODER NOCH EIN PRODUKT BEIM KOLONIALSPORT REITEN KINDER AUF EINGEBORENEN VORBEI INDIOFRAUEN WERDEN UNTERSUCHT INTERNATIONALE HANDELSPARTNER KNIETIEF IN DER NATUR MIT TRAURIGEM GESICHT SIE WOLLTEN JA SO GERN LA GIOCONDA SCHAUEN immerhin versprochen wurde uns doch ein opernbesuch

EINIGE VERZWEIFELTE GUMMIBARONE VOR DER BAUSTELLE DES TEATRO AMAZONAS AUF IHREN HOCHRÄDERN DIE SIND SCHLAMMFEST DAMIT KANN MAN DURCH DEN AMAZONAS DÜSEN ODER TRÜBSAL BLASEN was soll das warum steht die gummioper noch nicht wir haben doch extra den architekten einfliegen lassen findet den architekten man stelle sich vor wir gummibarone hier allein in der noch nicht kapitalisierten noch nicht vulkanisierten natur alleine ohne oper kultur theater festakt wie die wilden was wird bloß aus uns zivilisatierten werden zunächst ein statusupdate hashtag lostinamazonien wir gummimonopolisten sind auch nicht automatisch glücklich und zufrieden auch wenn wir unseren status andauernd liken also findet den architekten

EINIGE BEZAHLTE JUNGSPUNDE DER CLUB DER UNSICHTBAREN HAND PREKÄR BESCHÄFTIGTE STRASSENROWDYS LASSEN SCHON DIE MOTOREN HEULEN WEIL WIEDER GELD FLIESSEN SOLL WO VORHER BLUT GEFLOSSEN durch die natur hindurch schlagen wir die zivilisation ins letzteste hinterdorf am ende dieses dunklen kontinents wir wollten urlaub strand mallorca gleitzeitpalmen und finden nur schlamm und dreck und schlecht bezahlt es reicht der kapitalflucht muss ein ende jetzt hier gesetzt werden wir wollen sie wieder unsere steueroase mit oper und indioblut und dafür wird der dschungel brennen

WÄHRENDDESSEN DER JUNGE DEUTSCHE ARCHITEKT FELIX NACHTIGAL IRRT DURCH DEN DSCHUNGEL den markt kann man nur mit dem markt bekämpfen also muss ein gegenmarkt ein binnenmarkt dem globalen markt gegenübertreten es müssen die indios zur börse es muss ein anderer markt noch vor dem globalen markt geschaffen werden ein natürlicher markt der diesem markt gegenüberstehen kann es braucht einen markt bleib stehen schreie ich über die steppen von virginia hinweg dem indianermädchen hinterher ein binnenmarkt für euer land schreie ich aber das indiomädchen läuft schneller durch die wälder virginias zurück zu ihrem stamm wie heißt du schreie ich pocahontas vielleicht rufe ich witzelnd ein binnenmarkt hier im amazonas bleib stehen

WÄHRENDDESSEN EINIGE SCHLECHT BEZAHLTE JUNGSPUNDE DER CLUB DER UNSICHTBAREN HAND SCHLÄGERBANDEN PREKÄR BESCHÄFTIGTE STRASSENROWDYS DIE DIE FÄHRTE AUFGENOMMEN HABEN das scheue reh das kapital flieht wieder durch den wald aus zeichen quer durch amerika da braucht es einen stabilen binnenmarkt damit das kapital nicht aufgeschreckt davonhirscht deshalb schreien wir bürdet dem kapital doch keine hohe steuerlast lasst fließen all das kapital lasst laufen frei wie die natur auf dem markt herum das geld demokratische kontrolle steuern regulierungen befördern doch nur die flucht des kapitals der junge mann möchte unser kapital in einem offshore zentrum verstecken aber da hat er sich geschnitten da haben wir ihn geschnitten und schon haben wir ihn

DER JUNGE DEUTSCHE ARCHITEKT FELIX NACHTIGAL MIT DEM RÜCKEN ZUR ZEICHENWAND glaubt ihr wirklich das steuerparadies hier hält für immer denkt doch mal nach wenn der natürliche abbau zu teuer wenn die synthetischen verfahren in billiglohnländern möglich glaubt ihr die gummibarone werden dann noch an dem land hier interessiert sein

EINIGE BEZAHLTE JUNGSPUNDE DER CLUB DER UNSICHTBAREN HAND SCHLÄGERBANDEN KETTENRASSELN JETZT PREKÄR BESCHÄFTIGTE STRASSENROWDYS DIE PLÖTZLICH DIE ROLLE IHRER GEMEINSCHAFT ÜBERDENKEN erzähl das den gummibaronen wir wollen jetzt die oper nein lass ihn ausreden moment moment moment eine jede gemeinschaft entdeckt im amazonas ihr radikal anderes eine spur hin zu einer anderen gemeinschaft von daher würde ich sagen lassen wir ihn sprechen nein doch nein doch nein doch nein doch

DER JUNGE DEUTSCHE ARCHITEKT FELIX NACHTIGAL MIT DEM RÜCKEN ZUR ZEICHENWAND ihr seid ja wie die indios ausgebeutet im dienst des kapitals nur erzählt man euch von notwendigkeiten die naturgemäß euer handeln bestimmen sollen im dienst des kapitals ihr habt doch die kettenmacht eure ketten gegen die kapitaleigner zu erheben und hier im amazonas einen eigenen freihandelsstaat voller steuerflüchtlinge zu gründen hand in hand mit den indios in eine andere welt

EINIGE BEZAHLTE JUNGSPUNDE DER CLUB DER UNSICHTBAREN HÄNDE SCHLÄGERBANDEN KETTENRASSELN JETZT MOTOREN AUS JETZT GROSSANGELEGTE BASISDEMOKRATISCHE ÜBERLEGUNGEN ÜBER DIE ZUKUNFT DER EUROPÄISCHEN GEMEINSCHAFT EINEM BLAUHELM GEHT EIN LICHT AUF ein freihandelsstaat zusammen mit den indios eine kommende gemeinschaft die heraufdämmert den amazonas herauf vielleicht also doch vielleicht also doch die macht zurück an uns die lebenden nicht an die oberen nein wir sind die neunundneunzig prozent wir haben die waffen und wir haben das rückgrat nein zu sagen einem system das uns aushungert und gierig macht der junge kapitalflüchtling hat recht nein hat er nicht er ist ja auch nur an seinem leben interessiert und erzählt irgendwas wir werden ihm kein wort glauben vor ein ordentliches europäisches handelsgericht mit ihm nein nein besser noch in ein geheimes internierungslager und dort waterboarding bis zum erbrechen los schnappt ihn nein finger weg der mann verdient unser gehör

GUMMIGESCHOSSE JETZT VON DEN EINHERBEORDERTEN LUFTSCHLÄGEN GEGEN TERRORISTISCHE STELLUNGEN IM GUMMIDSCHUNGEL EINIGE VERZWEIFELTE GUMMIBARONE DIE JETZT DEN KOMMENDEN AUFSTAND NIEDERSCHLAGEN LASSEN keiner entflieht unserer aufmerksamkeit die weltweit jetzt schon organisiert ist und alle kanäle in beschlag genommen hat die oper wollten wir als zeichen unserer allmacht die oper bekommen wir als zeichen unserer allmacht dieser aufstand fand nie statt er ist vielmehr ein terroristisches unterfangen einer radikalisierten minderheit vernichtet sie

EINIGE BEZAHLTE JUNGSPUNDE DER CLUB DER UNSICHTBAREN HAND SCHLÄGERBANDEN JETZT ÜBEREINANDER HERFALLEND WIE DIE RATTEN WÄHREND DIE GUMMIBARONE ERLEICHTERT ZUSCHAUEN AUF DEN STRASSEN WIEDER BLUT DIE PRESSE IST ENTSETZT IM DSCHUNGEL TERROR KRIEG WILDE UND DIE BEDROHUNG EUROPAS GIFTGASWAFFEN WERDEN SCHON GESUCHT bei aufständen in den kautschukwäldern rund um manaus kam es zu den schwersten zusammenstößen von sicherheitskräften und terroristischen kräften seit der geschichte der kolonialisierung gegen widerstandsnester und achsen des bösen werden gezielte luftschläge einer internationalen allianz eingesetzt ein einsatz mit landstreitkräften steht nicht zur debatte bleiben sie dran nach der werbung ein interview mit einem anonymen drohnenpiloten aus münchen

DER JUNGE DEUTSCHE ARCHITEKT FELIX NACHTIGAL ENTFLIEHT IM HERMENEUTISCHEN DURCHEINANDER ÜBERALL NEOLIBERALER SCHALL UND RAUCH ER FOLGT DEN SPUREN EINER KOMMENDEN GEMEINSCHAFT immer wieder lässt sich die wirtschaftspolitik von der fluchtdrohung des kapitals einschüchtern dann schon lieber krise um die waffenlobby zu stärken denn gefahr droht heute überall

die materialflut jetzt am ausufern
darin treiben weiche vom salz zerfressene körper
in denen werden sichtbar andere welten fische maden

subito capriccioso

es folgen regen
sturmflut
kentern
möwen
dann lange nichts

minus dreißig grad
schreit jetzt einer kaum hörbar das wasser bis zum hals
minus dreißig grad zwei
tage unter wasser gerade noch wüste jetzt eis
schreit jetzt einer ganz alleine im nass
den mund voll wasser
die lippen spröde
die finger gebrochen die augen vernarbt aufgequollen der blick

dann wieder
regen
sturmflut
kentern
stille
möwen
nichts

und dann plötzlich andere im vorübertreiben
die arme paddeln leblos
gesichter erfroren
beziehungen eingerostet

das lachen knöchern bitter morsch
das holz das sie trug

keine menschen mehr sichtbar vom bühnenrand aus
brüllen sie dann knöchern lachend
in kleiderfetzen voll wasser
ihr antlitz seit tagen über bord seit wochen auf der flucht
keine hoffnung mehr und trotzdem stimmen
keine menschen mehr sichtbar vom bühnenrand aus

andere stimmen an in großer zahl
einen gesang knöchern
lachend weil zu sprechen schwerfällt
hinab reißt die herbeizitierte materialflut alle worte
bitter und morsch die ausflüchte die
sie hören erfroren die werte an die sie gebunden
gebrochen die versprechen die sie getragen

und doch
einer mit sand im gesicht
die daunenjacke stolz dem wasser entgegen
wie viele wochen durch die wüste
wie viele tränen lang am ufer
der sich jetzt nach oben schraubt

und doch
eine andere jetzt
tränen in dicken stoff gewickelt die finger
immer noch auf der suche nach dem licht
der körper starr
doch keine faser die sich einfach runterziehen lässt

und doch
immer noch den fluten entgegen
die müden füße würdevoll heben an
die zerrissenen muskeln anmutig zu boden sinken
die erfrorenen körper im vorüberziehen

vorbei schießt dann eine ganz andere eine ältere
die weigert sich einfach
was habe ich hier zu suchen
sagt sie klar und deutlich mit kurzer pause
hier gehöre ich nicht hin

kein mensch mehr in sicht vom bühnenrand aus
nur möwen
ruft dann einer ins funkgerät
kein mensch mehr in sicht vom bühnenrand aus
die hand am mast das gesicht nass die nacht kalt

der schlepper
im abgang noch flüsternd
der schlepper ist einer der menschen liebt

III
this bitter earth

manaus brasilien achtzehnhundertneunzig

postdemokratisches finale im flexibilisierten gummidschungel

marziale fuoco

DER JUNGE ARCHITEKT FELIX NACHTIGAL ENTFLOHEN DEM WALD AUS ZEICHEN NACH HOCH OBEN INS KAUTSCHUKBAUMHAUS BEIM VERSUCH DEN SUBALTERNEN MONOLOG ZU ENDE ZU BRINGEN IHM ZU FÜSSEN INDIOS DIE IHN NICHT VERSTEHEN ich sage ich spreche für euch und küsse meine indiobraut die versteht mich nicht und hat angst ich sage ich spreche für euch aber die subalternen indios verstehen meine sprache nicht ich sage die werden kommen und euch vertreiben aber die subalternen indios wissen nicht was ich damit meine ich sage gut ich werde also für mich selbst im namen der anderen als anderer für mich selbst als die anderen in mir selbst sprechen die anderen die wir hier unter uns nicht zu gehör bekommen weil wir ihre sprache nicht verstehen weil es uns per se unmöglich ist die anderen wirklich zu hören immer hören wir nur uns selbst über anderer leute probleme sprechen und wissen dabei auch noch immer alles besser als die anderen die wir dann immer nur unter tränen ausbeuten ich werde also in eurem namen sprechen ich werde also der mitteleuropäischen kolonialmacht mich entgegenstellen in eurem namen und versuchen zu übersetzen was euer begehr ihr ausgebeuteten

VERTRETER DER NEUGEGRÜNDETEN GUMMIFORSTEREIBEHÖRDE HABEN ALSO EINSTIMMIG BESCHLOSSEN UND SIND NUNMEHR ALSO HERAN-

GETRETEN UM ZU ERLÄUTERN DIE NATUR DER SACHE wir sind bereit zu verhandeln mit den gebeutelten steigen sie herab wir wollen sie auch nur schützen des menschen eigene natur und sein ihm ganz ursprünglichstes deshalb wollen wir sie auch gern in ein eigenes reservoir hineinvertreiben wir sind schon weit gereiste geister und können einschätzen woran es welcher zielgruppe mangelt

DER JUNGE ARCHITEKT FELIX NACHTIGAL KÄMPFT FÜR DAS PARADIES ich habe mit den menschen gesprochen und sie lehnen ihr reservoir ab und diese fahne hier markiert ab jetzt einen souveränen staat von mir und diesen subalternen menschen hier geschaffen und wenn der markt hier biopolitische kolonien pflanzen möchte müssen sie mit mir verhandeln dieser boden ist nun mein besitz

VERTRETER DER NEUGEGRÜNDETEN GUMMIFORSTEREIBEHÖRDE IM AMAZONAS NEHMEN KEIN BLATT VOR DEN MUND DAS KAPITAL WILL JETZT HALT EINFACH ZURÜCK IN DIE UNBERÜHRTE DEREGULIERTE NATUR AUF PARADIESURLAUB DAFÜR MUSS DER NACHWUCHS BLUTEN machen sie es der natur doch nicht so schwer ihren weg zu gehen schauen sie diese indios ist das ihr begehrenswerter naturzustand ein patriarchales ständisches system brutaler gemeinschaft die frau hat die kinder der mann das beil die hütten ohne strom gas electricity und flachbildschirm mit face to face communication wir sind das natürliche kapital wir suchen eine steueroase im paragrafendschungel und dieser aufgeblähte ureinwohnerstaat gehört hochtechnologisiert und verschlankt

DER JUNGE ARCHITEKT FELIX NACHTIGAL KÄMPFT FÜR DAS PARADIES eure kultur ist das blatt nicht wert auf dem ihr sie entwickelt wenn ihr diese menschen aus ihrer natürlichen heimat hier vertreibt also zahlt eine natürliche summe für diesen boden und die autoreifen die ihr daraus produzieren könnt

VERTRETER DER GUMMIFORSTEREIBEHÖRDE VERSUCHEN ZU VERHANDELN ABER DIE US-REGIERUNG VERHANDELT JA EIGENTLICH AUCH NICHT MIT TERRORISTEN WIESO SOLL ES DANN DIE GUMMIFORSTEREIBEHÖRDE TUN INTERNATIONALE GREMIEN FINDEN UND BERATEN SICH UND DIE INDIOS AM ENDE WISSEN NICHT WIE IHNEN GESCHIEHT die wollen doch befreit wir bitten sie heimat ist ein recht dynamischer begriff und außerdem wer spricht denn von vertreiben wir doch nicht man muss ja nicht gleich also bitte die räumliche situation wird lediglich den umständen der target group entsprechend der natur nach möchte man ja fast schon sagen schauen sie die natürliche macht ist einseitig verteilt der mensch unterliegt den naturgewalten aber wir haben die technologie um diese natürliche ungerechtigkeit wieder geradezubrechen denn in unserem system können auch arbeitnehmer wirtschaftliche macht besitzen sollen die ureinwohner doch eine gewerkschaft ihrer natur nach gründen um mit uns zu verhandeln im moment hat unsere marktseite klare optionen und sie keine alternativen also treten sie beiseite hier kommt der fortschritt und er hat einen gewaltigen fußabdruck

DER JUNGE ARCHITEKT FELIX NACHTIGAL KÄMPFT FÜR DAS PARADIES UND SCHIESST GUMMI PFEIL UND BOGEN GEGEN DIE NATOPANZER DIE ALS HUMANITÄRE INTERVENTION DIE LANDESGRENZEN SCHÜTZEN mein letztes angebot ansonsten wird alles hier in flammen der kautschuk und der gummi die reifen und die natur alles wird in flammen stehen wenn sie nicht auf mein angebot eingehen kaufen sie jetzt die ureinwohner werden es ihnen danken

VERTRETER DER NEUGEGRÜNDETEN FORSTEREIBEHÖRDE BERATSCHLAGEN SICH UND UNTERBREITEN SCHLIESSLICH EIN ANGEBOT DAS MAN KAUM ABSCHLAGEN KANN WARUM KAUFEN WENN MAN EROBERN KANN jetzt wo die europäische außengrenze bis in den amazonas hineinwächst stehen diese menschen natürlich unter unserer obhut aber wir bitten sie deshalb höflich mit tränengas achten sie auf ihren ton wir sind doch mittlerweile demokraten wir brauchen keine opposition steigen sie runter von der sozialen hängematte gehen sie dem fortschritt aus dem weg der hier mit neuen automobilen baggerschaufeln mähdreschern in den dschungel hinein sich schieben möchte wir machen auch ein sojafeld für biokapital und diese menschen werden wieder in die natürliche freiheit entlassen

DER JUNGE ARCHITEKT FELIX NACHTIGAL KÄMPFT FÜRS PARADIES DIE INDIOS WISSEN NICHT WAS DAS ALLES SOLL freiheit ach bitte verscheißern sie uns nicht sie wollen sie versklaven und ausbeuten dahinten ihre schlägerbanden sieht man schon was soll denn die ganze scheiße mit der liberalen marktwirtschaft wenn die nur tarnmantel für die flächendeckendste gemeinste ausbeutung seit jahrtausenden

VERTRETER DER NEUGEGRÜNDETEN FORSTEREIBEHÖRDE JETZT ABER WIRKLICH MIT SCHUTZSCHILD UND WASSERWERFERN UND JETZT IST ABER DER SPASS GLEICH AUS HIER JUNGER MANN runter da jetzt kommt der sozialabbau und wenn weit und breit keine alternative mehr in sicht kann unsere sprache wie ein wald aus zeichen jedes versprechen annehmen kann unsere sprache hier der freiheit alle ausbeuten und immer noch im namen der freiheit schreien und jetzt runter da

DER JUNGE ARCHITEKT FELIX NACHTIGAL WIRD VOM BAUM HERABGESPRENGT DER CLUB DER UNSICHTBAREN HAND STÜRMT DAS PARADIES UND DER AMAZONAS STEHT IN FLAMMEN WEIL EIN ÖLTRANSPORTER WEGEN ALL DEM TOHUWABOHU ERSCHROCKEN IST DANN HAVARIERT UND AM ENDE FEUER GEFANGEN HAT ein gutes geschäft von dem nun jeder etwas hat

EINIGE PREKÄRE JUNGSPUNDE DER CLUB DER UNSICHTBAREN HAND SCHLÄGERBANDEN EHEMALS EINFACHE BAUERN JETZT BEIM ABSCHLACHTEN DER INDIOS und wieder gehen welche vorüber für die unsere zeit zu wild war natur des marktes nicht wahr evolution der welt nur die welche den macheten weichen können die bleiben am leben nur die welche den luftschlägen der nato weichen können werden überleben nur die welche eine staatliche krankenversicherung vorweisen könnnen werden überleben nur die welche die zäune durch die natur schlagen um zu trennen die freie welt von den wilden werden überleben nur die welche zurückdrängen ihre natur haben einen fortschritt

DEUTSCHE INVESTOREN VERSPÜREN SCHON EIN ZUCKEN IN DEN KNIEN ES KÖNNTE EIN STURM KOMMEN VIELLEICHT HATS AUCH SCHON LÄNGST GEBLITZT NUR HATS KEINER GESEHEN eine fortschrittliche gesellschaft braucht eine fortschrittliche natur und diese natur hier kann uns nicht mehr mit dem notwendigen produkt beliefern von daher besamen sie südostasien mit dem kautschuk wir brauchen vollendete kautschukplantagen für die nahende digitalisierung es könnte krieg geben wie immer wenn kein produkt mehr den kapitalfluss anregt wer weiß lassen sie geld fließen diesmal in die ingenieurbüros lässige synthese-startups das hilft dem ganzen volk die synthese muss die welt erobern die ist flexibel hip und angesagt und passt sich jedem wetter an

DER ENTWICKLUNGSHELFER MAJOR LUIS MADOFF NEVEZ MACHT EINIGE LETZTE ANMERKUNGEN ZUM OPERNBAU UND EMPFIEHLT DEM KULTUR-SENAT DARAUFHIN EIN HD-DREI-D-MULTIPLEX-KINO FÜR TAUSENDE ZAHLUNGSWILLIGE BESU-CHER MIT ECHTEM DYNAMIC DIGITAL SURROUND SYSTEM DAS FETZT MEHR ALS DER CARUSO es drängt sich eine träne auf jetzt wo der letzte ureinwohner fällt drängt sich dem modernen menschen eine träne auf die den boden zur höchstform antreiben wird eine träne sage ich lassen sie den tränen freien lauf auch die natur hat fehler wie ein jeder mensch erinnern sie an dieses schicksal mit einem kunstwerk stellen sie den toten ein mahnmal eine gedenkstation auf dass man sie nie vergisst aber in ruhe weitermachen kann weil man dann ja ein mahnmal hat zum mahnen und damit eh auf der guten seite steht auf der seite die sich ein mahnmal aus fördertöpfen europäischer kulturinstitutionen und restaurie-rungsfonds bezahlen lässt die kultur wird uns erinnern und mahnen so will es die natur des marktes wo der markt hinfällt muss kultur eine ausrede erfinden eine geschichte erzählen mit einem glücklichen ende damit die hoffnung stiefkind des fort-schritts zuletzt den weg der ureinwohner geht also bauen sie ihre oper sie tun uns allen einen gefallen das geld fließt in strö-men aus dieser nunmehr gebeutelten landschaft heraus geben wir der landschaft etwas zurück geben wir der landschaft etwas zurück von den strömen die sie uns schenkt und bauen sie ihre große oper die erste oper im amazonas im andenken an die tapferen frauen kinder männer die hier im kautschukboom den weg aller rohstoffe gegangen

DER JUNGE FELIX NACHTIGAL STEHT BÄRTIG IM PARADIES SEIN HANDY KLINGELT UM IHN HERUM RAUCHEN DIE SCHLOTE EIN NEUER AUFTRAG STEHT AN GUMMIREIFEN WERDEN PRODUZIERT IN GROSSEN MASSEN UND VERSCHIFFT GEFAHREN UND VERBRANNT ER STARRT LANGE UNENTSCHLOSSEN UND IRRITIERT AUFS DISPLAY

european carehome zweitausendsiebzehn
zerstörtes tableau vivant der spätmoderne

mormorendo morendo

DER VATER vor dem vater zerbrechen erinnerungen die tochter erkennt er gerade noch wieder reiß dich zusammen! sagt er sich reiß dich zusammen! und sieht die tochter überglücklich an gerade noch erkennt er sie und schön! sagt er schön! dass du gekommen bist!

DIE MUTTER wie geht es dir!

DIE TOCHTER die tochter hetzt durch die krankenhausflure ja! natürlich! brüllt sie ins telefon! ja!

DER VATER der vater ist sich nicht sicher wer da jetzt vor ihm steht er sieht ein gesicht und versucht festzustellen welcher mensch zu diesem gesicht gehört

DIE MUTTER die mutter sieht ein zucken in der hand des vaters

DIE TOCHTER die tochter schreit nein! schreit sie ins telefon hinein nein! und sie könne jetzt auch nicht! sie hetzt durch die krankenhausgänge entschuldigung! ein schlecht bezahlter pfleger schreit ihr hinterher hey!

DIE MUTTER die mutter erklärt dass er jetzt besser du siehst besser aus! schon wieder besser! hörst du!

DER VATER der vater erkennt die stimme wieder ja! ja! er greift fest nach der hand

DIE MUTTER die mutter muss laut mit ihm sprechen es ist ihr unangenehm aber sie streichelt ihm den kopf und erklärt ihm dass die tochter auch gleich kommen wird! alles gute zum geburtstag!

DIE TOCHTER die tochter verdrängt jetzt alles tief in sich hinein einfach nur durchhalten! sagt sie sich einfach nur durchhalten! und nein! erklärt sie ins telefon hinein das sei ja alles ganz nett aber sie könne nicht für ein taschengeld was denn die regie! die regie! was bekommt denn die regie! fragt sie auf dem krankenhausflur ins telefon hinein und atmet tief durch atmet! tief! durch!

DER VATER durch genau! einfach nur durchhalten! sagt er sich den geräuschen lauschen hinhören hinhören hinhören! sagt er sich durchatmen und durchhalten! das leben weiter aushalten!

DIE MUTTER fortschritte! erklärt die mutter fortschritte! sagt die krankenschwester hörst du! du machst fortschritte sagen die krankenschwestern!

DER VATER wer spricht! fragt sich der vater und greift fester nach der hand damit sie nicht wieder verschwindet vielleicht ist sie auch schon verschwunden er schaut zur hand hin vielleicht ist sie schon verschwunden vielleicht schaut er eine hand an die schon längst verschwunden

DIE TOCHTER aber sie soll über den orchestergraben hinweg den leuten auf honorarbasis das schöne leben oder wie! nein! das kann man von ihr nicht verlangen! nicht für dieses taschengeld! eine pflegerin bittet sie um ruhe aber über den orchestergraben hinweg den leuten auf honorarbasis das schöne leben ins gesicht schreien oder wie! dass er sich geschnitten! mit dem orchestergraben und dem schönen leben! ja! um ruhe bittet die pflegerin wieder! die tochter kanns nicht fassen! ja selber! ja selber ruhe!

DER VATER jetzt spürt der vater wieder diese angst das gefühl tief in seinen kopf hinein zu versinken er dreht sich um aber da ist nichts er versucht aufzustehen aber kippt vornüber er versucht sich zu halten aber kippt in implodierende synapsen eine nach der anderen löst sich unter ihm auf hier und da gerade noch eine erinnerung oder wars ein gefühl oder die hand die er hält jetzt hält hier gar nichts mehr

DIE TOCHTER sie wird nicht auf honorarbasis tanzen erklärt sie jetzt ins telefon hinein! nein! keine honorarbasis mehr! sie wird das nicht machen! ihren körper auf honorarbasis über diese bühne schleppen ich tanze mehr rollen als jede tänzerin vor fünfzig jahren und kriege im schnitt pro rolle nur ein zehntel von dem was eine tänzerin vor fünfzig jahren! nein! alle diese rollen auf honorarbasis können mir den rücken runter! und schon gar keine solos auf honorarbasis! oder auf honorarbasis schwitzen und sich auf honorarbasis drehen und nein! sie wird nicht mehr auf honorarbasis tanzen! für keine honorarbasis dieser welt! eine honorarbasis ist überhaupt das unwort schlechthin und deshalb wird sie auf honorarbasis erst mal gar nichts mehr machen! kein honorar! keine basis! so ist das nämlich ab jetzt! sie hat immerhin eine kleine eigene basis jetzt und bei aller freundschaft! die beim geld sowieso flüssig wird und einem zerrinnt aber nein! sie wird das nicht weiter unterstützen! nicht jetzt! nein! weil sie hat jetzt immerhin eine wenn auch kleine perspektive ja! sagt sie dann ja! sie hat ja jetzt erst mal geld vom hausverkauf! er soll sich das nächste mal gern melden! sie wird das nicht weiter unterstützen! nicht jetzt!

DIE MUTTER schön! schau! da ist sie ja!

DER VATER eine synapse nach der anderen zerfällt zu nichts

DIE MUTTER die mutter umarmt die tochter und bemüht sich sich wirklich zu freuen und fortschritte! sagt sie gleich! er macht jetzt wieder fortschritte!

DIE TOCHTER die tochter erwidert die umarmung wie sie es gelernt hat und überprüft währenddessen den schwindenden wert des vaters

DER VATER der vater klammert sich jetzt an zwei synapsen die schon recht beansprucht sind er geht durch sein haus und versucht noch einmal zu verstehen und noch einmal und so! haben sie sich angeschrien und so! hat er sich für seine selbstständigkeit und wichtig war es! dass sie das versteht!

DIE TOCHTER die tochter lächelt den vater an und sagt dass das haus verkauft ist und man sich jetzt hier um ihn kümmern wird

DER VATER aber die synapsen halten nicht da bäumt sich noch eine erinnerung auf im neocortex irgendwo hinten im hippocampus taucht noch einmal eine alte einsicht eine mögliche welt kurz auf verschwindet jetzt aber gleich wieder zwischen zwei rezeptoren für immer und der vater fällt tiefer in die erinnerungsschluchten hinein und schreit dann doch noch einmal über die tischplatte hinweg der mutter hinein ins gesicht!

DIE MUTTER besser! sie sagen er sieht besser aus! nicht wahr!

DIE TOCHTER die tochter nickt und fragt ob im pflegeheim! ob man sich im pflegeheim gut um dich kümmert!

DIE MUTTER die mutter nickt und sagt dass es zuhause natürlich schöner war dass ab-

DIE TOCHTER die tochter weiß das! aber so ist es besser! sagt sie der mutter! weil jetzt für die mutter und für den vater gesorgt ist!

DIE MUTTER hauptsache du hast jetzt auch etwas davon!

DIE TOCHTER die tochter sieht die mutter an dann schielt die tochter wieder auf ihr smartphone

DIE MUTTER die mutter schielt auch auf das smartphone ihrer tochter! nicht wahr!

DIE TOCHTER die tochter nickt

DER VATER im vater zuckt jetzt die biomasse oder die biomasse zuckt und spuckt den vater als vermeintlich existierendes bewusstsein als pulsierende erinnerung durch ein neuronales gewebe das vor jahrtausenden gelernt hat ich zu sagen der vater also und ein ich das jetzt vor sich selbst erschrickt irgendwo in den multiplen insulten die jetzt im hippocampus von allen seiten explodieren die der vater und sein ich versuchen aufzuhalten noch einmal dagegen denken gegen das verschwinden

DIE TOCHTER die tochter zuckt kurz als das smartphone vibriert

DIE MUTTER du siehst auch besser aus! ein bisschen! dir gehts besser! ja!

DIE TOCHTER die tochter nickt und überschlägt noch einmal dass sie jetzt sieben jahre kapital hat vom hausverkauf ihr leben jetzt sieben jahre querfinanziert ist

DER VATER es warten jetzt auf den vater und sein ich nur noch verstopfte arterien abgestorbene neuronen die beim herunterfallen die umliegenden zellmembranen beschädigen in die der vater früher all die dinge gepackt hat die ihm wichtig waren abstruse träume die er nie jemandem erzählt hat verrückte geschichten die er sich beim arbeiten beim reifenwechseln und beim reifenentsorgen ausgedacht hat wenn die finger voll mit gummiresten waren und aber auch das bisschen stolz von dem er nie jemandem erzählt hat darüber es geschafft zu haben kein arbeiter mehr zu sein sondern ein selbstständiger mit einem eigenen unternehmen jetzt hängen diese geheimen gedanken leblos aus ihren zellen heraus früher waren da auch einmal echte erinnerungen an die tochter zum beispiel oder ein wille sogar der welt gegenüber ohne handbremse zu begegnen für seine familie ganz zu schweigen vom egoismus der jetzt auch recht blutleer in der grauen hirnmasse lehnt und die letzte zigarette raucht daneben waren früher auch echte wünsche und manchmal auch ein glück von dem er nie so recht wusste woher es kam auf das hat er immer am meisten aufgepasst jetzt hängen abertausende dendriten von der schädeldecke ausgebrannt in das paternale bewusstsein hinein und der vater und sein ich wissen dass es einmal ein drängen gab hin zu einer person die sie jetzt irgendwo bei sich spüren von der sie aber nichts mehr wissen jetzt sitzen da im neuronalen gewebe nur noch die schreckgespenster die den vater und sein ich aus den eigenen erinnerungen heraus anspringen heimsuchen und der vater hört! ja! dass jemand bei ihm ist! der vater weiß! dass da etwas ist! aber er kann niemanden! mehr zuordnen! der vater! und sein ich! stehen im dunkeln der paternalen schädeldecke! und es wird alles immer dunkler! und es wird immer kälter! und vielleicht hat es wirklich schon geblitzt und was jetzt noch kommt ist der donner mit dem keiner hier rechnet!

DIE MUTTER dass wir zumindest heute zusammenkommen ist doch auch was!

DIE TOCHTER die tochter streicht dem vater über die stirn dann schielt sie auf ihr smartphone

DER VATER der vater und sein ich stolpern in den erinnerungsschluchten über proteinablagerungen die jetzt von der schädeldecke herabfallen zurück ins haus das die tochter längst verkauft hat

DIE TOCHTER die tochter lächelt dann noch einmal kurz die mutter an

DIE MUTTER die mutter möchte etwas wärmendes sagen

DIE TOCHTER aber die tochter winkt ab und verlässt den raum! die tochter geht hinaus und ruft den dramaturgen dann doch noch einmal an und ja! sagt sie gleich ja! ist gut! aber nur das eine mal! das eine mal bin ich noch dabei! ja! honorarbasis! einmal noch! fix!

vorübergezogen jetzt die fluten
und wir alle hier dem ende nahe

die bühne wie eine verlassene südseeinsel
mit sperrmüll übersät das parkett glänzt
feucht kein morgengrauen nur ein flackernder scheinwerfer
kein schrei einer möwe nur eine technikerin
die einen witz erzählt
die ertrunkenen also jetzt beim abgehen

smorzando ma grazioso
non patetico

alle sind sie vorübergezogen
alle haben wir vorüberziehen gesehen
die im trenchcoat als ihr das handy aus der hand fällt
mistsau sony apple nokia
der der nicht mehr wusste wohin mit sich aber immer weiter
alle betriebshände geschüttelt hat

wir werden sie vorüberziehen gesehen haben
am ende oder am anfang
und wir werden hier gestanden haben
war es am ende oder war es am anfang
wir werden hier gestanden haben
war es am ende
oder am anfang
wir werden sie vorübertreiben gesehen haben die die wir
wirklichwirklichwirklich
geliebt haben werden

wir werden sie vorüberziehen gesehen haben
und nichts wird geschehen sein

wir werden ein wenig gesungen haben
spätnachts beim ertrinken
für alle die wir geliebt haben
und auch für die die wir hassen
weil alles was wir hassen
wird uns niemals verlassen
weil man es eigentlich ja mag

und wir werden hier gestanden haben
und wir werden die chance gehabt haben
diesen ort zu halten
zusammenzuhalten
wir können einfach hier bleiben
wird einer gerufen haben
über das ende dieses stücks hinaus
wir können hier in den sitzen bleiben
wird einer gerufen haben
der dümmste von allen
der jetzt wieder bis nach vorne an die rampe und ausruft
bis das licht ausgeht
wird er gerufen haben
bis das licht ausgeht können wir hier sitzen bleiben
dann werden wir die wirklichkeit besiegt haben
wird jetzt einer gerufen haben
immer der dümmste von allen

ein paar werden noch singen im abgehen
vielleicht so

also lasst es uns doch zu ende bringen
lasst uns unser seltsames lied jetzt zu ende singen
ihr könnt zuhören oder gehen
nur seid still ach seid so lieb

da kommen noch ein paar strophen
an denen uns mehr als an allen anderen liegt

dann werden die fluten verschwunden sein
und nichts wird folgen

coda

erinnerungen an die zukunft

abandono al niente

jetzt wieder DIE VON DER VORHERSEHUNG ÜBERSEHENE und DIE VON DER PROPHEZEIUNG VERGESSENE wieder als dysfunktionales duett auch gern wieder im frack allerdings diesmal vorübertänzeln in klimakapseln verspielt wie kleine kinder hinter ihnen ein berg aus brennenden autoreifen die luft schwarz von all dem sich zersetzenden kautschuk oder waren es die verbrannten körper im kautschuk vor ihnen die trümmer einer theaterbühne es regnet vielleicht ein wenig um das bild zu unterstreichen nebel hängt über textilindustrieruinen nach einer weile zündet sich DIE VON DER VORHERSEHUNG ÜBERSEHENE in ihrer klimakapsel eine zigarette an

DIE VON DER PROPHEZEIUNG VERGESSENE lass das

DIE VON DER VORHERSEHUNG ÜBERSEHENE was denn

DIE VON DER PROPHEZEIUNG VERGESSENE ja was das das hier ich mein hackts rauchst du jetzt in deiner klimakapsel

DIE VON DER VORHERSEHUNG ÜBERSEHENE ja das ist ja wohl immer noch meine sache was ich hier in meiner klimakapsel mache nicht

DIE VON DER PROPHEZEIUNG VERGESSENE –

DIE VON DER VORHERSEHUNG ÜBERSEHENE –

DIE VON DER PROPHEZEIUNG VERGESSENE –

DIE VON DER VORHERSEHUNG ÜBERSEHENE wenn du noch weiter so traurig aus deiner klimakapsel heraus in meine hineinsiehst krieg ich gleich mitleid mit uns beiden dann schmelzen mir hier gleich die polkappen vor lauter liebe das ist hinterhältig was du da machst hör auf

DIE VON DER PROPHEZEIUNG VERGESSENE –

DIE VON DER VORHERSEHUNG ÜBERSEHENE schau jetzt hast du mich so weit

DIE VON DER PROPHEZEIUNG VERGESSENE ich hab ja gar nichts gesagt

DIE VON DER VORHERSEHUNG ÜBERSEHENE o.k. hier ich lass es ja ich dämpfe mir diese letzte zigarette gleich hier an der wand meiner klimakapsel hier meine verlängerte haut da rein die letzte zigarette

DIE VON DER PROPHEZEIUNG VERGESSENE nein nein nein was nein lass das

DIE VON DER VORHERSEHUNG ÜBERSEHENE ja eben also lass mich jetzt in ruhe rauchen schau mich nicht so sorgenvoll an

DIE VON DER PROPHEZEIUNG VERGESSENE du bedeutest mir etwas ja frei aus der kapsel heraus ist das so du bedeutest mir etwas und ja ich sorge mich um dich mein gott ich liebe dich und ich meine was ist denn los hat das alles hier jetzt gar nichts also du hast einfach nichts gelernt oder

DIE VON DER VORHERSEHUNG ÜBERSEHENE ach komm gelernt jetzt mach hier nicht die ewige spielverderberin natürlich weiß ich was läuft unser problem wird sowieso nie gewesen sein dass wir zu dumm gewesen wären wir werden sehr genau gewusst haben was wir verursacht haben werden unser problem wird viel bizarrer gewesen sein wir werden gewusst haben dass die katastrophe vor uns gelegen haben wird die fakten werden auf dem tisch ausgebreitet vor uns gelegen haben aber wir werden daran nicht geglaubt haben wir werden an die zukunft nicht geglaubt haben obwohl wir sie vor augen gehabt haben werden

DIE VON DER PROPHEZEIUNG VERGESSENE ich hasse es wenn du in diese ich bin der letzte mensch haltung hineinkippst die bringt hier nämlich gar nichts außer mir sieht dir keiner mehr zu und mich musst du jetzt mit deinem fatalismus hier nicht mehr beeindrucken wir sind schon der letzte mensch wem spielst du hier jetzt noch was vor

DIE VON DER VORHERSEHUNG ÜBERSEHENE was heißt hier vorspielen

DIE VON DER PROPHEZEIUNG VERGESSENE ja ich weiß ja dass du hier die harte sau markierst in deiner klimakapsel das ist reiner selbstschutz

DIE VON DER VORHERSEHUNG ÜBERSEHENE ich markiere hier keine harte sau ich bin einfach so wie ich gewesen sein werde hier in meiner kapsel

DIE VON DER PROPHEZEIUNG VERGESSENE *rollt näher an DIE VON DER VORHERSEHUNG ÜBERSEHENE heran* der letzte mensch und immer noch glaubt er er muss sich was vormachen dabei wird der letzte mensch genau den blinden fleck gesehen haben den die gegenwart fatalerweise nicht bemerkt haben wird für uns wird die zukunft ein unendlicher offener raum gewesen sein

DIE VON DER VORHERSEHUNG ÜBERSEHENE wisch dir mal deine kapsel aus du fantasierst schon wieder ein unendlicher offener raum so ein dreck ein jeder raum den wir uns vorstellen können wird so groß wie unsere vorstellungskraft gewesen sein und die wird immer schon sehr beschränkt gewesen sein ich könnte mir ja nur als beispiel jetzt ja versuchen etwas noch nie dagewesenes auszudenken etwas unmögliches etwas ganz und gar unbekanntes

DIE VON DER PROPHEZEIUNG VERGESSENE ja und

DIE VON DER VORHERSEHUNG ÜBERSEHENE ja und schon wird es verschwunden gewesen sein kaum werde ich das unmögliche gedacht haben werde ich es schon wieder totgedacht haben

DIE VON DER PROPHEZEIUNG VERGESSENE du wirst es dir gedacht haben und doch wird das unmögliche hier vor dir gestanden haben und die möglichkeit dieser möglichkeit wird dich kurz in deiner klimakapsel zum erzittern gebracht haben

DIE VON DER VORHERSEHUNG ÜBERSEHENE aha und wie wird das ausgesehen haben hier im raum das unmögliche

DIE VON DER PROPHEZEIUNG VERGESSENE ja ganz und gar unerwartet

DIE VON DER VORHERSEHUNG ÜBERSEHENE was für ein blödsinn wir können das unmögliche nicht denken das ist ein quatsch das ist so unsinnig wie wenn wir beide als der letzte mensch jetzt im man sprechen würden es gibt hier nur noch ich und du das man ist schon verschwunden

DIE VON DER PROPHEZEIUNG VERGESSENE die einzige möglichkeit der erfindung ist die erfindung des unmöglichen

DIE VON DER VORHERSEHUNG ÜBERSEHENE das noch nie dagewesene das unmögliche ist mir völlig egal das wird ein begriff gewesen sein den wir vergessen haben werden irgendwann so wie wir alles vergessen haben werden irgendwann genauso wie andere alte begriffe an die sich keiner mehr erinnert alles eine frage der geologie der gesteinsschichten dort liegen alle angestaubten begriffe

DIE VON DER PROPHEZEIUNG VERGESSENE ja gut dann ja hast recht dann zünde ich mir auch eine an

DIE VON DER VORHERSEHUNG ÜBERSEHENE du rauchst doch gar nicht

DIE VON DER PROPHEZEIUNG VERGESSENE als letzter mensch der auch gar nicht möglich ist ist mir das relativ egal

DIE VON DER VORHERSEHUNG ÜBERSEHENE ja schon aber wie soll ich dir die zigaretten also ich kann dir die schlecht rüberschmeißen ich kann ja nicht raus aus meiner kapsel

DIE VON DER PROPHEZEIUNG VERGESSENE schön bist du wenn du dir so sorgen machst um mich

DIE VON DER VORHERSEHUNG ÜBERSEHENE ich mach mir keine sorgen ich frag mich nur also ich kann dir entschuldige kurz das husten der rauch

DIE VON DER PROPHEZEIUNG VERGESSENE ich hab eigene zigaretten keine angst

DIE VON DER VORHERSEHUNG ÜBERSEHENE ja schön dann rauch die doch

DIE VON DER PROPHEZEIUNG VERGESSENE ja mach ich auch

DIE VON DER VORHERSEHUNG ÜBERSEHENE ja los

DIE VON DER PROPHEZEIUNG VERGESSENE *will sich die zigarette anzünden*

DIE VON DER VORHERSEHUNG ÜBERSEHENE o.k. dann nein lass es lass es also o.k. ich dämpfe die aus o.k. zünd sie nicht an

DIE VON DER PROPHEZEIUNG VERGESSENE zu spät

DIE VON DER VORHERSEHUNG ÜBERSEHENE nein nein lass das ich würde das nicht tu dir das nicht an bitte hier ich dämpf sie aus hier au zwischen meinen fingern shit au ist das heiß au o.k. au o.k. husten

DIE VON DER PROPHEZEIUNG VERGESSENE und jetzt

DIE VON DER VORHERSEHUNG ÜBERSEHENE ja wie jetzt nichts jetzt wir sind der letzte mensch und gerade haben wir aufgehört zu rauchen auf uns wartet jetzt ein apokalyptischer cold turkey außerdem beschlägt mir meine kapsel

DIE VON DER PROPHEZEIUNG VERGESSENE zu viel heiße luft jetzt komm lass gehen es werden noch andere vorübergezogen sein

DIE VON DER VORHERSEHUNG ÜBERSEHENE es gibt keine anderen wir werden der letzte mensch gewesen sein wir sind die auf die wir gewartet haben werden

DIE VON DER PROPHEZEIUNG VERGESSENE ja vielleicht

DIE VON DER VORHERSEHUNG ÜBERSEHENE was vielleicht jetzt nicht ins schwärmen hier geraten ja

DIE VON DER PROPHEZEIUNG VERGESSENE nein gar nicht vielleicht hin und wieder mal ein bisschen aber nur so für mich und hin und wieder für dich und dann und wann für euch die ihr schon da gewesen sein werdet schön werdet ihr gewesen sein

DIE VON DER VORHERSEHUNG ÜBERSEHENE ja sehr schön

DIE VON DER PROPHEZEIUNG VERGESSENE und DIE VON DER VORHERSEHUNG ÜBERSEHENE rollen jetzt traurig in ihren klimakapseln über die bühne es regnet jetzt stärker sie rollen gegeneinander und fast könnte man meinen dass sie dann beginnen zu weinen vielleicht schwitzen sie aber auch nur in den klimakapseln einige aufgescheuchte erinnerungen tanzen noch über die bühne einige von ihnen bedeuten mir sehr viel andere verstehe ich nicht mehr die sind vielleicht nicht einmal von mir aber am liebsten sind mir die erinnerungen die jetzt zu früh da waren erinnerungen an ereignisse die noch gar nicht stattgefunden haben können von denen kommen jetzt immer mehr auf die bühne die sind mir immer die liebsten die könnte ich eine nach der anderen hier auf immer anschauen aber irgendwann wird es dann auch sicherlich dunkel

danach bis ans ende und darüber hinaus
tempo rubato
geraubte zeit
die beim spiel zurückgegeben werden soll
jeder takt
mit bedacht
mäßig
bis
sanft

erst mal bis hierher

vielen dank

o. s. t.

daniela seel
friedrich von borries
ja, panik
franz schubert
jacques derrida
enrico caruso
max richter
dinah washington
amilcare ponchielli
marshall berman
ovid

PARADIES HUNGERN

teil zwei der klimatrilogie

geschichte zerfällt in bilder, nicht in geschichten.

aus den aufzeichnungen eines klimaforschers
(frühes zwanzigstes jahrhundert)

von / mit:
ben, in der krise in der wohnung
maggie, in der krise in der stadt
caro, in der krise in der wüste

in den zwischenräumen ein versprengter chor, der ständig dreinredet

für auskünfte über die banalitäten
und unsichtbarkeiten im alltag
von kriegsberichterstattern
dankt der autor
seinen gesprächs- und interviewpartnern
in beirut, kairo und damaskus

es gilt, wie immer:
bitte laut lesen und viel vergnügen.

you had this idea that young men in combat act in ways that emulate images they've seen – movies, photographs – of other men in other wars, other battles. you had this idea of a feedback loop between the world of images and the world of men that continually reinforced and altered itself as one war inevitably replaced another in the long tragic grind of human affairs. that was a fine idea, tim – one of your very best.

sebastian junger in einem nachruf auf tim hetherington

null

– wir stehen also wieder am anfang der vorstellung
– und am anfang einer jeden vorstellung stehen andere vorstellungen, denen gehen andere vorstellungen voraus, die sich keiner ausgesucht hat, die sich eingebrannt haben
– ich hätte ein paar vorstellungen, die andere schon längst verdrängt haben, ich werde die nicht los, kann ich tun, was ich will
– wenn man schlechte vorstellungen nur für immer vergessen könnte
– aber schlechte vorstellungen kann man nicht vergessen, man kann sie nur abspielen
– immer und immer wieder muss man die abspielen
– die spielen sich andauernd vor einem ab, diese schlechten vorstellungen, bis man sie irgendwann plötzlich los ist
– aber um schlechte vorstellungen zu verstehen und um sie dann endlos abzuspielen, bis man sie losgeworden ist, und um also sagen zu können, ja, das war jetzt eine schlechte vorstellung, braucht man andere vorstellungen, an die man sich stattdessen halten kann, und um diese anderen vorstellungen zu erhalten, braucht man andere vorstellungen
– vorstellungen folgen auf vorstellungen
– da kann man überhaupt nichts dagegen machen
– auf jede vorstellung folgt die nächste und die nächste und die nächste unerbittlich und jede weitere schlägt immer alle vorigen vorstellungen tot
– manche vorstellungen halten sich
– aber auch nicht ewig
– diese vorstellungen hinterlassen spuren, denen wir dann folgen, um andere vorstellungen zu verstehen
– und wir können diesen anderen vorstellungen leider nun einmal nicht folgen, ohne den resten vorausgegangener vorstellungen zu folgen

– sie sehen also hier eine vorstellung, und um dieser vorstellung folgen zu können
– damit also ihre vorstellungen sich das vorstellen, was sie sich vorzustellen haben, bedienen sich ihre vorstellungen der spuren anderer vorstellungen
– andere vorstellungen, andere bilder liegen am grund der bilder, verschwimmen dort zu collagen, die wir realität schimpfen, und stellen uns dann ganz unverfroren wieder eine solche zusammen
– stellen uns ganz unschuldig wieder ein weltbild zusammen aus der collage am grund der bilder
– vorstellungen, die man nicht so einfach wieder loswird, da muss man schon ganz schön schaufeln im sozialen sediment, um so manche weltbilder aus der welt wieder hinauszutragen
– und auch überholte weltbilder hinterlassen spuren im sozialen sediment
– am weltbildgrund versammeln sich die bilder als sedimentcollage
– überlagern sich im tausendjährigen datenverkehr die bilder im gestein zwischen knochen, schreien, sondermüll, schlechten witzen, verfaultem zellstoff, hin und wieder gut konservierten leichen
– dann und wann in zukunft auch einmal mobiltelefone und vollautomatische prothesen
– da im sediment, wo andere natur begraben sehen, da sehe ich nur bilder, überholte, längst vergessene, vergrabene bilder
– seit der mensch die welt ins bild gesetzt und sich gleich mit dazu, sitzt er auf bildersediment
– und wenns so ist, dass seither was auch immer in der welt sich zeigt, ins bild gesetzt wird
– wenn also keine wirklichkeit mehr im sediment begraben liegt

– weil die sowieso nur mehr aus bildgestein zusammencollagiert ist
– oder andersherum, wenn also kein anderes des bildes mehr sich zeigt, weil was sich zeigt, im grundgestein schon längst verbildlicht ist, wenn man sich unter dem begriff des bildes also nichts mehr vorstellen kann, weil gar nichts mehr sich abbildet im bild, keine vorstellung mehr aus dem bild heraus entsteht, das bild also sinnlos wird
– wenn in einer welt, die vollends bild geworden ist, im bild keine vorstellungen mehr sichtbar werden
– überall bilder, aber nichts mehr drauf zu sehen
– überall bilder, aber keine vorstellungen mehr drin in den bildern, die spuren hinterlassen könnten
– wenn im begriff des bilds also keine vorstellung mehr drin ist, gibt es dann kein bild mehr?
– also keine vorstellung mehr von der welt und damit nur noch welt, die sich ununterbrochen selber darstellt, sich selber vorstellt, aber gar nicht weiß, was sie sich da vorzustellen hat, weil kein anderes mehr von dem weg sie sich vorstellen kann
– worauf willst du mit der vorstellung hier jetzt hinaus?
– aufs elementare
– aufs elementare?
– auf die bildgrundsteincollage, die wir weltanschauung nennen
– in der wir uns aber nur mehr noch verlaufen
– weil wir keinen vorstellungen mehr folgen können in dieser collage
– nur noch vorstellungen von anderen vorstellungen von anderen vorstellungen von anderen vorstellungen von anderen vorstellungen
– und der mensch, der die welt ins bild gesetzt hat, sieht, wie er den rahmen gerade hängt, nur, was er eh schon kennt
– dann hat man die welt, die man nie haben wollte, die man sich

aber zum weltbild gebaut hat, das man eingerahmt hat, aber nicht überwunden
– die bleiben am ende übrig
– schlecht gerahmte weltbilder, die man immer aufs neue gerade hängen muss
– die hängen da ohne vorstellungen, diese bilder
– schief, weil die vorstellung fehlt
– bilder bleiben übrig ohne eine jede vorstellung und stellen alles in frage
– erklären nichts, sprechen nicht, schweigen
– ist auch gut so
– ja, aber wo kein weltbild mehr ist, da ist kein bilderstürmen mehr
– wo kein bilderstürmen mehr ist, sind nur noch familienfotos
– und die werden reproduziert bis in die unendlichkeit
– schweigend
– und keiner weiß mehr, warum
– und all diese bilder, die übrig bleiben und von uns erzählen
– die sich anhäufen, die erzeugen kontexte, gespräche, geschichten
– nichts folgt ihnen und doch folgt ihnen alles
– nichts ist auf ihnen zu sehen und doch alles
– und sie porträtieren immer nur den tod
– kein bild, aus dem nicht sofort der tod herausspringen würde
– kein bild ohne schaudern
– die angst bleibt vor dem bild bestehen
– die angst vor dem bild, dass es so war, unausweichlich, bleibt in der welt
– die angst und das bild haben etwas gemeinsam
– die angst weiß, so ist es
– das bild weiß, so ist es gewesen
– da kann der rahmen noch so schief hängen, beide, die angst und das bild, wissen etwas

– sie wissen von einer welt ohne menschen
– das bild erzählt jetzt schon von einer welt ohne menschen
– und eine bildgewordene welt hat den menschen schon längst hinausgetrieben
– die angst vor dem bild ist die angst vor der welt ohne menschen
– was würde eine kamera fotografieren, die zufällig noch ein bild schießt, jahrhunderte nachdem der mensch verschwunden ist?
– was würde die sehen, diese kamera, was würde auf dem bild zu sehen sein?
– am ende bleibt ein bild und niemand wird gewusst haben, was darauf zu sehen gewesen sein wird
– so hängt ein jedes bild schon jetzt vor uns
– als hätte man es gesehen und verstanden, was da drauf ist
– aber nichts hat man gesehen
– das bild sagt, so ist es gewesen, so sind wir gewesen, so seid ihr gewesen, so bin ich gewesen
– hilflos hat man ins bild hineingestarrt, verängstigt vor dem, was das bild uns nicht erzählt
– dass wir nicht die letzten sein werden, die dieses bild gesehen haben werden
– dass die bilder schon jetzt von einer welt ohne uns erzählen
– dass diese bilder stehenbleiben
– lange
– und sich an uns erinnern werden
– und uns in frage stellen werden
– sagen werden, ja, so ist es gewesen
– genau so
– genau so ist es gewesen

black.

ein treppenhaus, eine tür und unerbittlich: eine türklingel. mehrmals. maggie klopft mehrmals lässig gegen die türe, kratzt am türschloss herum, zieht am türgriff und tritt einmal sogar mit dem fuß gegen die tür. zuerst distanziert, lässig, genervt, als sie bemerkt, dass sich die tür auf keinen fall öffnen wird, klopft und tritt sie nur noch in wilder verzweiflung. schließlich: hämmern gegen die tür. nichts geschieht, es bleibt dunkel und still – sie brüllt und tritt gegen die tür. eine sirene heult in der ferne.

eins

BEN in der frisch gestrichenen küche mit dem umweltfreundlichen kühlschrank denkst du dir, noch einmal nach dem smartphone zu greifen, noch einmal anzurufen, auch wenn sicher ist, dass dich wieder die mailbox abfangen wird im bürgerlichen treppenhauszitat begrüßt du den herrn nachbarn, guten abend, den du sonst nie grüßt, na, wie gehts, tust so, als wärs normal, so in der tür zu stehen und zu schauen, na, sagst du dann noch einmal und gehst erschrickst kurz, als die tür ins schloss fällt, mit blick aufs smartphone zurück in die umweltfreundliche küche, zu einer teuren orange, frei von konservierungsstoffen, die du in aller ruhe schälst

MAGGIE platten, leerstand, platten

BEN mit blick aufs smartphone spazierst du dann mit deiner teuren orange, frei von konservierungsstoffen, durch die innereien deiner aufsteigerwohnung

MAGGIE ausverkaufte brachen, die ausgehungerten leerstellen am stadtrand

BEN große gläserne duschkabine, stilvolles wohnzimmer, mit bauhausanleihen, aber entscheidend war der große balkon, der nach osten rausgeht, aber nach osten raus rostet jetzt nur noch der verchromte rundgrill

MAGGIE betonstriche, die sich mitten durch die landschaft ziehen, fischgräten statt vorgärten

BEN enthüllst eine unbehandelte orange, überlegst, warum eigentlich dieser rundgrill, und denkst dir die orange, die umweltfreundliche, die von konservierungsstoffen freie, die gibt einiges her

MAGGIE leergefressene landstriche jetzt, platten, leerstand, platten

BEN hundsgrill, denkst du dir, scheißhundsgrill, der auf dem balkon nach osten raus verrostet, in deiner ansonsten frisch sanierten aufsteigerwohnung, von konservierungsstoffen unberührt, kaust du da jetzt vor dich hin

MAGGIE und du, denkst du dir, du bist ein vollidiot und schaust dann doch, ob er angerufen hat

BEN die schalen in den bauhausmistkübel, den ausgesuchten, und überlegst, ob du noch einmal anrufen sollst

MAGGIE hat er nicht und wird er nicht

BEN ob du nicht doch

MAGGIE gut, auch egal

BEN einmal noch

MAGGIE spielst halt wieder die sture jetzt

BEN einfach kurz, vielleicht doch

MAGGIE spielst die sture, die dir immer vorgeworfen wird

BEN oder doch den unnahbaren hier runterspielen

MAGGIE die sture, die aus der wohnung gleich bis an den rand der stadt raus ist, zum einmal durchatmen

BEN nein, dann doch, dann rufst du doch kurz an, nimmst dein handy

MAGGIE raus, wo sich jetzt so ein bus, ein menschenleerer, durch den sozialen rand hinausschiebt

BEN aber weißt ja, was kommt

MAGGIE nichts kommt, ich am winken, der busfahrer am ignorieren

BEN mailbox, servus, bin offensichtlich gerade besetzt, ich lausche trotzdem, hinterlasse gutes, ciao, na sicher nicht

MAGGIE ohne passagiere schiebt sich ein öffentliches verkehrsmittel über eine leere dreispurige stadtautobahn am rand der stadt, und der fahrer schaut einfach durch mich durch

BEN nein, sicher nicht mailbox, dann lieber laptop

MAGGIE gut, also ich jetzt im öffentlichen raum mit hoch erhobenem mittelfinger hinter einem verschwindenden öffentlichen verkehrsmittel, recht entspannt dabei trotzdem irgendwie, und schreie ihm recht entspannt eigentlich hinterher, mitten auf der straße

BEN warte einfach auf eine mail von irgendwem, egal wem

MAGGIE links rum, rechts rum, menschenleer

BEN aktualisieren drücken alle fünf minuten

MAGGIE bin müde

BEN unruhig

MAGGIE starre in den sozialromantischen kitsch hinein

BEN dann schon richtige terrormails

MAGGIE straßenschluchten, platten, mauern, todeszonen, es offenbaren sich massengaragen als soziale sackgassen

BEN einfach irgendjemandem eine e-mail schreiben, würd mich freuen, kaffee, alles liebe, nett, nett, nett, tschüss, nochmal kaffee, ja, alles liebe, lass mal was hören, herzlich, es grüßt auf bald von unterwegs, au revoir, salute, servus und auf wiedersehen

MAGGIE und alles tut so, als wärs auch wirklich so, alles sieht genauso aus, wie es auszusehen hat, alles ist ganz genauso, wie das immer war

BEN und senden

MAGGIE erschreckend, wenn alles ist, wie man sich das vorstellt

BEN und würde jedes mal, wenn ich refresh drücke, irgendwo einer sterben – aber das ist auch billig jetzt, oder?

MAGGIE hinten leuchtend die innenstadt, draußen zum sterben das soziale, drinnen gespensterhaft das geld, aber das kommt auch nur kurzfristig vorbei für einen städtetrip, das geld, dann schneit es – oder ascht es?

BEN im netz nichts neues, die newsticker schweigen bedrohlich

MAGGIE gut, also doch, ein anruf, handy raus, es blinkt ums leben schon der akku, aber du lässt ihn weiter sos in die nacht hinaussenden und wählst

BEN dann vibriert das smartphone doch hektisch und aufgeregt

MAGGIE mailbox, hallo, sprechen sie mit der maschine, na sicher nicht

BEN beim abheben versuchst du sofort, menschlich zu wirken, umgänglich und freundlich

MAGGIE und dann ein letztes mal der akku, der jetzt höflich singt zum abschied, mit einem ich habs dir ja gesagt sich beleidigt endgültig entleert

BEN hallo du! ja ganz gut! und euch?

MAGGIE also zu fuß im juli durch die peripherie wieder zurück, da die sozialen wohnbauexperimente, dort die innerstädtischen finanzströme

BEN ja ewig schon nicht mehr gesehen, ja, war einfach viel zu tun in der letzten zeit

MAGGIE hier sind wir aufgewachsen, das wir von heute kennt keinen bezug mehr zu diesem hier, wenn man aus dem nirgendwo kommt, möchte man sich nicht ans nirgendwo erinnern, man ist dann lieber dort, wo man hingefunden hat

BEN kennt man, es ist halt immer was, nicht? ja, muss ja, oder? ja, muss ja, eben

MAGGIE beide so heilfroh, es geschafft, beide so heilfroh, der sozialen sackgasse hier draußen entgangen, beide so heilfroh nicht mehr am sozialen rand, sondern bis nach oben gelangt

BEN es tut gut, jemanden zu hören, mit jemandem zu sprechen, ja, bei mir auch, die heizkosten sind gestiegen, ja, ernsthaft, nein, heizkosten, wenn ichs sage, ja, bei euch auch, nein

MAGGIE nach dort am rand, wo man eigentlich herkommt, schaut man zurück, froh, dass man dort nicht dazugehört, nicht mehr und nie wieder

BEN genau, bei uns, meinte ich ja, alles kälter geworden, bei euch und bei uns auch

MAGGIE wächst der rand rein oder die mitte raus, nach unten kommt man auf jeden fall heute immer schneller, ist so, weil die schere immer weiter aufgeht und nicht alle, also spagattechnisch, hier sich eignen für die neue schere, ist aber auch egal, weil vor allem theorie

BEN hallo, ich hab den letzten satz, also der letzte satz, der ist jetzt irgendwie an einem netzfehler, kannst du nochmal hier

MAGGIE alles theorie, weil der rand bleibt, da kann die schere schneiden, wo sie will

BEN den letzten satz wiederholen, weil netzfehler

MAGGIE und solang die schere schneidet, gibt es rand

BEN nein, ich hab sie jetzt nicht erwischt, ja, die sicherungen in der innenstadt müssen wohl auch, sind einfach raus, nicht, einfach raus, alles dunkel

MAGGIE paar typen jetzt mit schneeschaufeln im anorak im juli oder ist das asche, auch egal, ich eher so vorsichtig ausweichend, den typen jetzt mit schneeschaufeln im anorak

BEN so ein stromausfall ist gut fürs bevölkerungswachstum, oder

MAGGIE ich mein, klischee? ich will ja hier keine klischees, ich mein die auch nicht persönlich oder so, nur so im fall, oder, nein, ich geh da jetzt einfach grüßend, laut grüßend vorüber, immerhin meine ehemalige gegend hier

BEN das kennen sie sicher, diese pausen, wo man nicht weiß, kommt da noch was? und deshalb macht man blöde witze

MAGGIE sehen mich nicht mal an, auch egal

BEN nein, genau, mit mir selbst geredet hier, kommt vor, ich dachte, der empfang, weißt du, ich hab nichts mehr, ja du auch nicht, so ist das, keiner hört was, aber alle am reden, nicht? genau, ja, witzig

MAGGIE total unnötig war das, unnötig, hab ich ihm auch so gesagt, genau so, unnötig, aber jetzt bin ich hier und geh zurück, bin raus bis an den rand gefahren, den echten, richtigen rand, die geile soziale peripherie hier draußen, die ist wenigstens noch echt

BEN hey, wer kennt das nicht, nicht wahr? nicht wahr? hallo?

netzfehler sag ich rein ins handy, sag hier, netzfehler wieder, weil die sauteure wohnung mitten in einem funkloch, jetzt reißt der kontakt zum digitalen gegenüber wieder ab, ich schrei ins handy hinein, weil wieder keiner antwortet, schrei aber nicht um hilfe, nur so ein bisschen, aber eigentlich nur so, hallo, hallo, noch da, ist da jemand

MAGGIE die ist wenigstens noch echt hier, die peripherie hier draußen, da weiß man wieder, wo man ist, hier draußen, peripher, sozial verdickicht, hier gehöre ich hin

BEN ja, in bester verfassung immer noch und wieder hier, war wohl der empfang, erklär ich felsenfest überzeugt, und netzfehler sag ich dazu und hört man ja, hier, muss das wetter, aber meiner leitung kann kein wetter was

MAGGIE wird das hier ein blizzard?

BEN ich hab gesagt, hört man ja, klimabeständig, wetterbeständiger typ bin ich, ja, wetter!

MAGGIE der wind zieht an, hier jetzt, die natur spielt verrückt

BEN ja, natürlich können wir, sollten wir wieder einmal in gesellschaft uns, auf jeden fall, kann man nur unterstützen, so eine gesellschaft schadet nie

MAGGIE irgendwo hier muss man unterkommen, wenn jetzt hier am sozialen rand ein unwetter sich verkündet, braucht man einen unterschlupf, zum beispiel ein einkaufszentrum, die schützende kirche der peripherie

BEN -sellschaft habe ich gesagt, gesellschaft, der empfang, weißt du

MAGGIE das wird jetzt hier tatsächlich ein blizzard oder rauscht es nur

BEN du, mir gehts gut, wirklich, ja, ja, gut gehts immer, toll

MAGGIE neonlichter vom einkaufszentrum flackern, schnee wird dichter oder asche, oder rauscht jetzt schon die sicht

BEN dann ist der empfang wirklich weg

MAGGIE jetzt geht hier der strom aus überall, oder was, hallo?

wieder black.

lange ist es still und dunkel. dann fällt ein tropfen auf die stille, schwarze, spiegelnde oberfläche aus flüssigem altöl auf der bühne, wellen breiten sich aus, langsam, zäh und träge. zwischen den wellen dann gejammer, aus weiter ferne schreie, hilferufe, dazwischen wildes rudern, lautes keuchen, das näher kommt, bis es endlich am bühnenrand erscheint, keuchend und noch einmal laut um hilfe rufend, lange, immer wieder, laut, überzogen bis authentisch und noch länger, bis man irgendwann die hilfeschreie nicht mehr spielen kann, bis die hilfeschreie anfangen lächerlich zu werden, bis sich die hilfeschreie nicht mehr herstellen lassen, bis die hilfeschreie zu freudenschreien geworden sein werden, auch wenn hände dann im öligen schlick auftauchen, immer noch freudenschreie, hände, die sich finden, sich ölverschmiert gegenseitig schütteln, geschäftstüchtig wieder vom öl verschluckt werden, die wellen weiter ausufernd, dann ein mann vorübertreibend in einer durchschnittlichen wohnung, versunken in schlechte erinnerungen, der fotos löscht, eines nach dem anderen, der vergessen möchte, aber immer wieder von vorne erzählen muss, auf einem der fotos eine bühne, auf der sich der mann und die frau begegnen, sie starren sich lange an, dann fällt ein tropfen auf die stille, schwarze, spiegelnde oberfläche aus flüssigem altöl auf der bühne, wellen breiten sich aus, langsam, zäh und träge. die wellen werden irgendwann endlich von den rändern der bühne wieder zurückgeworfen, kreuzen sich dramatisch, überlagern sich am höhepunkt zu einem chaotischen muster und beruhigen sich dann langsam wieder.

zwei

CARO raus auf den gang jetzt also, raus auf den gang, ein roter teppich darauf, endlos weit, darauf ein japaner mit einer hornbrille samt telefon und einem irren lachen, das an mir vorüberschießt, als sich die aufzugtür mit einem dieser bings! öffnet, weiß ich schon, was los ist, aber diesmal, nein! diesmal lasse ich mich nicht abwimmeln

we are sorry
nein, ich überlege mir, während ich zur rezeption gehe
but under
bereits mein argument
the given circumstances
dass man uns seit über zwei wochen hinhält
we cannot
dass diese gesamte situation
let you leave
gegen die genfer konvention verstößt, ja, die gesamte situation
this building, armed forces have taken over the airport
geneva convention, ja hast du richtig gehört,
they have taken over the airport!
diese soldaten in der lobby, sind das schauspieler?
please stay patient and wait in your room
oder sind die ernst gemeint?
we will inform you
die sehen nämlich aus wie schauspieler
as soon as we have new information
scheißtarnfarbenwüstenockerschauspieler, ihr meint das ernst
thank you
schreie ich sie an, ihr meint das ernst, ihr seid ja ernst gemeint

schreie ich die offensichtlich ernst gemeinten scheißtarnfarbenwüstenockerschauspieler an, auf dem weg zum aufzug, und sehe ihnen allen lange in die augen, damit sie mich nicht vergessen, wir werden schon wieder nicht ausgeflogen, o. k., ich bin da oben und warte, vierzigster stock und während sich die tür wieder mit diesem bing! schließt, höre ich noch dieses entsetzliche would you please calm down

  after a long search for enemies
seit monaten schicke ich die gleichen bilder
  in the streets fighters finally secure
seit monaten die gleichen farben, die gleichen räume
  the area and discover an articulated truck
hotelflure, hotelzimmer, hotellobby
  full of supplies and equipment
mit soldaten, ohne soldaten
  rebel fighters
mit reportern in ihren zimmern
  and civilians go through the truck
in werbe-t-shirts von ngos oder mit kugelsicherer weste
  picking up clothing, helmets and body armour
in der lobby, in den fluren, im restaurant, am dach
  for themselves there were
die seit wochen in diesem hotel hocken und sich gegenseitig
  no signs of wounded dead
porträtieren, interviewen und um zigaretten feilschen
  captured or detained soldiers
wir müssen auch die nachrichten sehen, um zu verstehen
  in the immediate area
was im moment passiert, das versuchen wir dann zu belegen

die letzte serie aus den fingern gerissen, so schnell konnte ich gar nicht, waren zehn, zwanzig zeitungen da, die irgendwas von authentisch, und ich hab nur gemeint, so und so viel, und weg waren die bilder, keine ahnung, manchmal google ich mich, um zu schauen, was die aus den bildern gemacht haben

we are giving our best to keep our customers happy
man sagt hier
but due to the current situation
dass immer noch um den flughafen gekämpft wird
we have to wait a little
dass nach wie vor unklar ist, wo welches flugzeug ist
we think that your suitcase
sie können mir nicht sagen, wann mein koffer kommt
has probably been put on another plane
vermutlich ist er in einem anderen flugzeug gelandet
we are sorry for any inconveniences, but
ist auch egal, danke, thank you!
the army is trying very hard
wann kommt der präsident? der französische? diese woche?
to recapture the airport
die deutsche hat sich auch vor monaten schon
we will discuss matters with the officials
samt ihrem hundeblick angekündigt
we have time for another question
diese ununterbrochenen beschwichtigungen
any questions?
dieses uferlose, mäandernde gesicht
anyone?
das sie hinter ihrer rolle herzieht
thank you for your patience
ständig reden alle von der öffentlichkeit
dpa
aa
und niemand fühlt sich angesprochen
upi

gehe zur beruhigung meine kontaktlisten durch
    asahi
    interfax
als hätte irgendeine öffentlichkeit
    ap
    apa
    sda
    xinhua
im sinne eines öffentlichen beschlusses
    ansa
    bakhtar
dieses chaos öffentlich beschlossen
    cns
    sad
als gäbe es ein öffentliches interesse
    kyodo
schmarrn
    efe
    kuna
    tanjug
aber es gibt überhaupt kein öffentliches interesse mehr
    afp
nur informationen, die sinnlos auf klicks warten
    hina
auf servern, beherrscht von konzernen
    reuters
bis heute das hotel noch nicht einmal verlassen
    on this picture we can see jones, a us-marine
händeschütteln, presseverantwortliche, schweiß
    practicing his golf swing while at the main firebase
die schwedische delegation will oben
    soldiers spend about two weeks at the outpost
im dreiundfünfzigsten stock eine party schmeißen
    before coming back

vor wochen hieß es noch, er würde demnächst kommen
  to the main base where
der französische oder der amerikanische
  they can get a hot shower and call their family
oder zumindest irgendwer

es klopft wieder, herein

malewitsch wollte überhaupt nicht weg von der gegenständlichen malerei. das ist das große missverständnis der frühen modernen kunstgeschichte. ganz im gegenteil. er wollte näher an den gegenstand heran als irgendjemand je zuvor. das befremdliche eigenleben der gegenstände, in dem unser verschwinden schon vorweggenommen ist, hat ihn heimgesucht, hat ihm keine ruhe gelassen. malewitsch war überhaupt der empirismus-gläubigste maler seiner zeit. das schwarze quadrat bildet die welt ab, in ihrer für uns unergründlichen eigenlogik. in ihrer unheimlichen fremdheit. euphorisiert von meiner erkenntnis, zoome ich immer näher an das bild heran, bis ich die ränder der pixel sehe, die sich im schwarzen quadrat übereinanderschieben.

drei

BEN dann steht sie wieder vor mir

MAGGIE diese stadt, zum kotzen, diese stadt

BEN sich die seele aus dem leib herausschimpfend

MAGGIE mit ihrem als-ob, diese stadt, ihrem als-ob, ihrem gemeinschaftlichen, steht sie auf dem planeten und als-obt vor sich hin

BEN als ob ihr das helfen würde

MAGGIE als ob sie nur noch vom müll zusammengehalten wird

BEN steht im flur und schreit

MAGGIE vom schrott, von den resten

BEN und ich schreie zurück

MAGGIE diese ausgeschlachteten bausubstanzen, was hält die eigentlich noch zusammen

BEN so stehen wir bei den schuhen und brüllen uns an

MAGGIE und ich, ich steh daneben

BEN sie zieht sich die schuhe an, während wir uns anbrüllen

MAGGIE jetzt geht hier nicht einmal mehr die lichtschranke oder was

BEN brüllt mir ins gesicht, während sie sich die schuhe bindet

MAGGIE steht ein typ dahinter im einkaufszentrum

BEN brüllend dann also ich richtung küche, den kopf richtung küche ununterbrochen schüttelnd

MAGGIE starrt ins dunkel der typ im einkaufszentrum, weil die glastüren nicht aufgehen, ich schrei und tob und schlag gegen die glastür, sag, das geht doch nicht, hier blizzard, da die kommerzialisierte sakristei, da muss doch aber bitte weg hinein und so, sag, gibts das

BEN und öffne brüllend kopfschüttelnd den kühlschrank

MAGGIE vollidiot

BEN was suche ich denn jetzt im kühlschrank?

MAGGIE also mit dem fuß hier gegen die glastür, hier und hier und hier und nichts

BEN aber ich krieche ganz rein und brülle so vor mich hin

MAGGIE ich schreie also dann eine ganze weile lang das einkaufszentrum an, während der sturm aufzieht

BEN dann kommt sie brüllend in die küche

MAGGIE der typ starrt hilflos ins unwetter hinein, und ich, die ich dumpf von zwei komma acht zentimeter bruchsicherem glas getrennt im draußen tobe

BEN ich krieche aus der toilette wieder raus

MAGGIE dann geht er

BEN sie öffnet brüllend den kühlschrank

MAGGIE das einkaufszentrum liegt im dunkeln

BEN will mir hinterher, aber das wird nichts, brülle ich, das wird nichts

MAGGIE daneben ein bankomat

BEN ich drücke auf die spülung, um ihr den weg abzuschneiden

MAGGIE ein berührungsempfindlicher bildschirm am stadtrand, eine oase

BEN fluchend brülle ich in den abfluss, ich weiß, dass du da drin bist, ja

MAGGIE ich drücke mehrmals, aber nichts

BEN mit einem extrakübel wasser noch ordentlich nachspülen

MAGGIE der automat empfiehlt mir weiterhin, meine karte einzuschieben

BEN ordentlich die ganze faule erinnerung runterspülen

MAGGIE freut sich über die günstigen familienkreditangebote

BEN aber immer schießt wieder was hoch, immer wieder was anderes, denke ich mir brüllend mit dem kübel über der spülung

MAGGIE stiftung warentest empfiehlt mir diese familienkreditangebote

BEN erschöpft dann über der spülung mit dem kübel voller bilder

MAGGIE ein ausgezeichnet steht da, eine eins komma sechs und meine karte ist aber schon drin

BEN dann gehts mir besser, ja, dann gehts mir viel besser

MAGGIE ich glaube, ich werde ohnmächtig, hier am berührungsempfindlichen bildschirm im dunkeln mit einem ausgezeichneten familienkreditangebot

BEN klappe zusammen, nass, frisch aus dem abfluss der eigenen erinnerung gekrochen

MAGGIE aber dann endlich ein auto

BEN dann läutet es und ich bin schon vorbereitet auf dich, ja, ich denk mir schon, wenn du jetzt dastehst, mit diesem irren blick und nochmal reden möchtest, dann kann ich nur sagen, hallo, exekutivgewalt

MAGGIE hey, hey, hey, schreie ich, und nochmal hey, hey, hey, und raus auf die straße

BEN stehen da zwei von der exekutive

MAGGIE ich hasse diese stadt, denke ich, und hey, hey, hey, schreie ich

BEN im dunkeln im flur, und der nachbar schaut ganz neugierig und ich sag na und schmeiß mich gegen die tür

flimmern
rauschen
hauchen
säuseln
vergessen
entfallen
knistern
störung
filmriss
sirren
dröhnen
fälschen
überbelichten
unterbelichten
falsch erzählen
durchstreichen
löschen
schwärzen
black-out

vier

CARO

jana kommt rein, von der associated press
  hi, how are you? it's a bit embarrassing, but
jana, von der associated press, sieht sich kurz um
  i was wondering, if you could lend me
jana, von der associated press
  a tampon?
hat mit dem spanier von der efe ein verhältnis
  it's been quite a while
sie nennen es a crisis related partnership, crp, sie wohnen
  since the locals came to sell stuff, so
im gleichen zimmer mittlerweile, sitzen auf dem balkon
  i'm really left stranded
und sprechen übers leben
  at the moment
jetzt lacht sie, es ist ihr peinlich, dass es ihr peinlich ist
  it's bizarre, really, because
ich kann sie irgendwie leiden, sie war im kosovo
  i know some of the people in this hotel
mehrmals in beirut, außerdem hat die einen preis bekommen
  actually from armenia
für die weinenden kinder im tschad
  and the kosovo
der ist hochdotiert, ein hochdotierter preis
  and this young, russian woman
für die kinder im tschad
  for example, was actually my assistant
musste interviews geben und über
  during my first job, and the other one
ihr leben mit den kindern im tschad sprechen
  the norwegian guy, the fat one, he got shot

wurde sogar gastprofessorin
  once, right next to me
an einer privaten schweizer journalistenschule
  in a hotel like this here
sie geht rasch wieder, die jana von ap sagt
  he has become fatter since, thanks
sie hats heute eilig, normalerweise würde sie ja
  first some shower, than the research, i've heard, that
aber heute kann sie nun mal nicht, ist auch o.k.
  today the president will talk about a possible intervention

dann wieder jemand vom pressedienst gierig auf neuigkeiten, konflikte, entwicklungen, ereignisse, opfer, ich versuche wie immer ruhig zu bleiben und freundlich und kompetent und immer noch einsatzwillig, damit man das gefühl hat, ja, das ist so der verlässliche typ, ich bin so der verlässliche typ, auch im krisengebiet, vor allem im krisengebiet, da lebe ich erst auf, da profiliere ich mich erst

wenn zum beispiel jemand fragt: wie ist die lage?
  i wouldn't say we're hostages, but nobody's going out
ich kann nur sagen: da sitzen hochdekorierte journalisten
  the hotel entrance was still being guarded by armed forces
in kugelsicheren westen im vierzigsten stockwerk
  she said, but the officials had left over the past 24 hours
rauchen, schwitzen, spielen karten, filmen leere hotelzimmer
  at first, a few government minders stuck around
fotografieren vom balkon runter und erklären
  some were very angry
man vermute, dass in den nächsten tagen
  so we tried to avoid any confrontation
bewaffnete truppen, terroristen oder rebellen
  but even those guys

die stadt erreichen werden
  have now disappeared
manchmal erzählen sie, dass in der nacht
  gunfire and explosions were heard
heftige gefechte stattgefunden haben
  from this direction
und wir glauben ihnen, weil, was sollen wir sonst glauben
  of the compound by journalists at the hotel, ap reported
dass wir in einem viersternehotel sitzen
  that trucks loaded
und all das nicht passiert
  with anti-aircraft machine guns
unten schreien britische journalisten
  were outside and snipers were posted
mit sonnenbrand am swimmingpool
  behind trees in the area
briten mit sonnenbrand, das ist sie also, die viersternehölle
ein hotelzimmer voll mit journalisten und hinten raus tobt der völkermord

wieder black.

was ist der ereignishorizont eines ölteppichs?
wo ist der ereignishorizont?
was ist ein ereignishorizont?
wo verläuft der ereignishorizont einer ölpest?

was?

fünf

BEN blinder fleck, verstehen sie das, der blinde fleck, hier, auf ihrem sehnerv, ganz vorne dran, wo der nerv also vom körper rauskommt, welt wird, licht erblickt, das licht in kapillaren dringt, da sitzt der blinde fleck und spaltet ihr drinnen von ihrem draußen, und dazwischen sehen sie ins nichts, da zwischen ihrem drinnen, ihrem draußen, sitzt ein nerv, der spaltet die welt in ihre und die andere, ja, der nerv, ihr nerv, der ihnen um das sichtfeld fliegt, wenn sie nicht drauf achten, außer kontrolle gerät und dann zu einem türspalt wird, in den sie treten auf der suche nach dem fremden, weil der vor angst zerfressene nachbar, auch so ein triebtäter des gemeinwesens hier, ihnen irgendwas erzählt, treten sie hier durch diesen spalt von ihrer welt in meine, oder von unserer welt hinein in meine, die weder sie noch andere triebtäter des gemeinwesens irgendetwas anlangt, die ganz die meine ist, blinder fleck, der hier mein antlitz zu einem fremden macht, obwohl mein name doch eigentlich beweis genug sein müsste, der name, meiner, zeugt doch von meiner herkunft, oder unterstellen sie meinem antlitz jetzt eine andere, nur weil der nachbar ein problem mit meinem antlitz, weil das nachbarschaftliche gemeinwesen mein gesicht nicht in ihrer nahwelt haben will, werden hier geschichten verbreitet, denen die exekutivgewalt ja kritisch gegenüber und nicht mit einem fuß schon in der tür des denunzierten stehen soll, ich habe mich nach oben, verstehen sie das, verstehen sie, dass ich jetzt genug habe von diesem spagat, hier drinnen mein fuß gegen ihren draußen vor der tür, dieser spagat hier, den so ein hocharbeiten mit sich bringt, aus den untersten schichten, mit einem antlitz, gegen das der nachbar demonstriert, mit diesem antlitz, meiner geschichte, einer einreisegeschichte, die hier in der mitte endet, in einer wohnung so beliebig wie die eigene geschichte am ende, wenn man das eigene antlitz nicht mehr vom kulturellen kontext trennen kann, in den man sich verrannt, für ihn der eingereiste, der bedrohliche, mein name ist nicht irgendwas, der ist mit bedacht, hier, ausgewählt, zwei offene, weite silben, mit mir hat mans gut gemeint, ja, versuch ich noch charmant, meine eltern waren stolz, dass sie hier gelandet, verstehen sie das, die haben sich mit der geschichte hier mehr als die von ihr betroffenen, ja, verstehen sie, aber keiner von beiden good, beide bad, mit dem fuß in der tür und nachgefragt, es hätte beschwerden gegeben, ich erklär, na ja, der da drüben, klar, der marschiert ja regelmäßig mit der fahne, natürlich beschwert sich der über mich, ich beschwere mich ja auch über den, nur mach ich das nicht über den staatsapparat und stell die exekutivgewalt in meinen dienst, sondern sag ihm, hörst du, freak, deine meinung kannst du sonst wo herumschreien, aber nicht hier, wenn du dich bedroht fühlst vom draußen, gehst du halt mal wieder raus, oder?, macht er gleich die tür zu, hören sie, hören sie, murmelt er noch, verstehen sie, und ich hab nichts getan, mein ich, aber mach ja die tür auf, sag, die exekutivgewalt hab ich ungern in der wohnung, wenn kein grund ansteht, wer hat die exekutivgewalt schon gern bei sich in der wohnung ganz grundlos, die gesetzeskraft, vom wesen her schon grundlos, will nicht sagen sinnlos, hat ja alles sicher seine notwendigkeit, auch die gesetzeskraft, die der nachbar für sich in anspruch nehmen kann, weil er vermeintlich sich bedroht fühlt, nicht wahr, schrei ich noch, und sie wissen ja, wie das ist mit dem privaten, bleib mal lieber privat da drin, ist besser für dich, wissen sie das, wenns im privaten nicht so funktioniert, dann ist öffentlich auch der hund drin, von daher, lieber die tür zu, aber gut, von wegen blinder fleck, überzeugen sie sich selbst, mein antlitz ist ein schuldenfreies, und schon steht einer auf mir drauf, kaum dass die tür offen, steht einer auf mir drauf, der andere sichert meine wohnung, ich glaub, ich spinn, was sichert der hier meine wohnung, was soll das, und sichern, schrei ich noch, sichern, jetzt sofort und hab schon eine faust im nacken und tränengasdüse im gesicht, und bevor ich noch was sagen kann, drückt der ab in meinen blinden fleck hinein das tränengas, das draußen jetzt das brennt, langsam verwischt, am ende bleibt ein fuß, der mir ganz und gar nicht freundschaftlich ins gesicht jetzt *über das bild schreiben heißt am bild scheitern.*

sechs

CARO

oder es klopft jemand an
   salut, c'est moi, serge!
ein kanadischer journalist
   avec une consœur suédoise
der dann durch die tür spricht
   hi!
der mit mir hergeflogen ist
   hi! i'm karin
zwanzig bärtige abenteurer
   can we come in?
am flughafen, alle mit iphone
   c'est un peu ennuyeux, non?
wie pauschaltouristen, hektisch ruhig
   we thought maybe
daneben hilfstruppen grün
   you want some company?
ich lass die beiden rein, die schwedin sieht verunsichert aus
   hi, nice to meet you!
ich kenne sie so vom sehen
   yes, so we have
sie setzen sich aufs bett
   a little proposal here
serge zündet sich eine zigarette an und schmunzelt
   sit, maintenant
das ist jetzt aber nicht sein ernst, oder?
   i told her about your work
fummeln auf meinem bett herum und schauen mich groß an
   in the korengal valley
serge jetzt schon mit den händen am schwedischen dekolleté
   with the sleeping soldiers
arschloch!

BEN arschloch

MAGGIE arschloch

BEN die exekutive setzt mich ins revier und stiert mich an

MAGGIE fährt einfach an mir vorbei, und hey, schreie ich, und was dem einfällt und dass ich hier erfriere und was das soll und hey

BEN und ich stiere zurück mit aufgequollenen augen und lache von wegen widerstand gegen die exekutive und der nachbar, jetzt zum zeugen befördert, unterstellt mir trauerprobleme, seit die frau weg ist, sagt er tatsächlich, ich sag mit aufgequollenen augen, was weißt denn du

MAGGIE dann halt zu fuß weiter, immer noch dunkel, immer noch kalt, vielleicht hats auch schon geblitzt, aber keiner hats gehört

BEN nichts mehr sag ich, mit aufgequollenen augen, der frisch beförderte zeuge hingegen spricht, weiß alles, erzählt

MAGGIE was jetzt noch fehlt, ist der donner, aber der braucht immer und hören tut man den erst, wenns zu spät ist

BEN also gut, ich schweige jetzt, das ist mir ja zu dämlich hier, kein wort mehr von mir hier

CARO

no! mein lieber, no!
  je sais, que tu a un tête-à-tête
no! du kannst mich mal, nur weil du
  avec ce russe
sonst nichts zu tun hast, ziehe ich
  retire ta chemise, oui?
mein chemise sicher nicht aus
  j'ai vous ecouté, dans la nuit
no! ich vögel doch jetzt hier nicht mit dir rum
  retire ta chemise, c'est trés triste ici

versteht er jetzt nicht, der serge, warum ich ihn rausschmeiße
au revoir
und tschüss

MAGGIE irgendwann dann endlich in der innenstadt
CARO tür zu, die schwedin übergibt sich ins klo
MAGGIE verlassene schaufenster, die in den öffentlichen raum rausschauen

CARO
sie ist fertig und verwirrt, das sei ihr erstes großes feature
it's weird, right
auf so eine chance wie hier wartet man nicht
did we change anything by being here

MAGGIE da stehst du jetzt, oder
CARO der war ja auch schon im tschad, in srebrenica, in tiflis
MAGGIE auf dem weg nach hause zwischen den schaufenstern
CARO im kaukasus, in sierra leone, in kinshasa
MAGGIE und die schauen dich an, die schaufenster
CARO mindestens fünfmal im irak, ich sage ihr, das ist immer so
MAGGIE die stehen in der innenstadt und warten
CARO in sierra leone haben wir in einem bungalow gewartet
MAGGIE die schaufenster der innenstadt warten in der nacht auf den menschen
CARO wir warten nördlich von kenema, weil unklar ist, ob was passieren wird, froh waren alle über den hausmeister
MAGGIE warten, dass das licht wiederkommt
CARO ein minenopfer mit stümpfen statt armen
MAGGIE dass der mensch wieder zwischen die schaufenster läuft
CARO eindrückliche bilder von den stümpfen waren das, und

minenterror als überschrift und wenigstens was, wenigstens war da irgendwas in sierra leone

MAGGIE die sonst in der nacht ganz allein vom ende erzählen

CARO der hausmeister mit den stümpfen hat serge und mir einmal was von gräbern erzählt

MAGGIE die stehen da am ende ohne menschen, geht die sonne auf, stehen die da und schauen

CARO wir wussten nicht, was er genau meinte, aber sind los

MAGGIE und schauen den schatten der puppen beim wandern zu

CARO der hausmeister hat uns mit den stümpfen raus aus dem bungalow dirigiert

MAGGIE bedrohlich stehen sie dann in der nacht da, aber die können auch nichts dafür, dass die dann so bedrohlich im dunkeln stehen

CARO irgendwo ins gebirge hinein, an einer diamantenmine vorbei, arbeiter in zertretenen sneakers überall auf der straße, wir immer weiter ins gebirge hinein, zu einer lichtung dann

MAGGIE so, verzeihung, sagst du, zu den schaufenstern hin, die dich anstieren

CARO und die lichtung war voll mit holzkreuzen, und der hausmeister hat mit den stümpfen in die luft gebohrt

MAGGIE verzeihung, ich wollt jetzt nicht so ausführlich hier werden

CARO hat uns angestarrt und es war nicht klar, was er wollte, und serge hat ihn dann fotografiert

MAGGIE verzeihung, dass ich mich hier so breitmache gerade

CARO und gelächelt und noch einmal fotografiert, und dann hat der mit den stümpfen verstanden und hat die hände noch weiter nach oben in die luft gebohrt

MAGGIE verzeihung, sagst du zu den schaufenstern hin, die dich anstieren, bin schon wieder ruhig

CARO und der serge hat sich hingekniet für eine bessere perspektive und die stümpfe reingebohrt, in den himmel rein

MAGGIE bin schon wieder ruhig und lass euch schon wieder stehen mit euren teuren mänteln und euren neuen schuhen und euren eher lässigen sakkos, die dem herbsttrend folgen

CARO

are you going
der hat in die kamera geschaut
to that party later on?
und die stümpfe in den himmel gestreckt

MAGGIE und irgendwann wird es der letzte herbsttrend gewesen sein, und der wird dann ewig getragen werden

CARO und dann hat serge genickt und wir sind weitergegangen und haben uns die gräber angeschaut und dann sind wir an der diamantenmine wieder nach hause dirigiert worden von den stümpfen

MAGGIE aber bis dahin ist noch zeit, bis zum letzten herbsttrend ist ja noch hin, jetzt haben die schaufenster noch ein paar herbsttrends vor sich, und frühjahrskollektionen kommen auch noch ein paar, und da freuen sich die schaufenster schon drauf, auf die neuen frühjahrskollektionen

CARO serge hätte dafür damals fast den world press photo award bekommen

MAGGIE nebel und lichter dann irgendwo am ende der schaufensterallee für die ewigkeit

CARO

i think you should go
die schwedin hängt im bad und ich häng in erinnerungen
i think i will

und der serge war dann richtig sauer
  he really knows some stories
weil der preis dann nach afghanistan ging
  i feel better now
weil in afghanistan dann ein krieg ausgebrochen ist
  thank you, i'm fine now
und alle wollten vom krieg was sehen
  c'mon let's go upstairs
und nicht den hausmeister mit den stümpfen

MAGGIE nebel, lichter, musik und lärm und was weiß ich

CARO schminkt sich, torkelt wieder raus und lässt mich sitzen

MAGGIE party wahrscheinlich, hoffentlich, mitten im innerstädtischen nirgendwo

CARO vorbei fährt über den flur ein ägyptischer kollege auf inlineskates

MAGGIE dann allerdings ein helikopter, transparente, schreie, pfeifen, aufmarsch, und ich mittendrin

CARO der einmal angeschossen wurde, als er vom helikopter rausfotografiert hat

MAGGIE die asche wird dichter, neblig fast, beißend, setzt sich fest

CARO der interessiert an einer zusammenarbeit mit der efe ist und an der spanischen fotografin, weil die in der magnumjury sitzt, wofür er sich dreimal beworben hat

MAGGIE ein vermummter rempelt mich an, schreit mich an, ja, ist ja gut

CARO

der inlineskatende ägypter mit interesse an der magnum
  have you heard about the riots downtown
schaut lächelnd rein, ob ich denn auf die party später?
  they said, they will pass the hotel, probably

und ich weiß von keinen riots hier
  but you never know
und glaub schon gar nicht mehr an riots
  what to believe nowadays
und ich lächle zurück und denk mir, warum nicht

MAGGIE dränge mich durch rundherum flutlichter, scheinwerfer von einsatzwagen und lautsprecherdurchsagen, militärs, am rand des platzes die hotels, komatöse transitkörper, die früher einmal begegnungsorte waren

CARO warum nicht party und hoteldach und einfach mitgehen und einfach raus aus dem zimmer und den gang runter und in den lift hinein und einfach mitfahren

MAGGIE heute begegnen sich nur mehr noch die gesellschaft und die exekutive und spielen öffentlicher raum

CARO und einfach im lift stehen und sich denken, so ist das eben hier, auch hier, ist das nur so ein bisschen beschissen, der betrieb und so weiter, den gibts auch hier, warum auch nicht, und viermal nominiert für das pressefoto des jahres und den hasselblad-award als bislang jüngste preisträgerin erhalten und internationale anfragen und jetzt halt party in der wüste auf dem dach

MAGGIE aber jetzt reichts der exekutive offensichtlich

CARO mit mir haben diese bilder alle überhaupt nichts zu tun

MAGGIE jetzt sperrt die den öffentlichen raum zu

CARO ich starre durch die linse wie auf eine schon auserzählte geschichte

MAGGIE und die öffentlichkeit geht schreiend zu boden

CARO die orte wiederholen sich, die landschaften wiederholen sich und werden durch die bilder einzementiert auf ewig

MAGGIE es riecht im öffentlichen raum nach tränengas, und wasserwerfer werden angeworfen

CARO und jetzt sitzen die hier in der wüste, diese krisenexperten, und schmeißen partys am hoteldach

MAGGIE ich hinter mülltonnen und einer zerrt an mir und ich schrei, und wasserwerfer teilen den öffentlichen raum wieder

CARO und eine meint noch, abschalten sei wichtig, binge drinking und so, und ich denk mir, ja aber wofür, wofür machen die das denn hier?

MAGGIE und ich tret so im öffentlichen raum und frag mich, wie ich da jetzt reingeraten, und hey, schrei ich, und was das soll

CARO was erzählen einem denn diese kadaverpaparazzis, außer genau dem, was sie jeden tag sehen, was lässt sich auf diesen bildern von photogeshoppten krisenherden denn zeigen, was einen noch überrascht

MAGGIE und dann lieg ich auch einfach so niedergerannt vom exekutiven stiefel, und das kann doch alles gar nicht, denk ich, kann gar nicht wahr sein, dass ich jetzt so im öffentlichen raum am boden lieg und schreie wie so ein klischee und angst hab ich auch, jetzt fliegt hier einer an mir vorbei, dann rauscht es wieder, das gibts doch alles nicht, schrei ich und schrei noch lauter und krieg aber nur einen stiefel in die seiten und noch einen

CARO alles einzementiert, alle bilder einzementiert in der welt, als wärs immer schon so gewesen, und die hocken hier und reden über portfolio und gute kontakte, und auf diesen bildern wird nichts mehr sichtbar, der content füllt die welt

MAGGIE bleibe liegen, noch ein stiefel in die seiten und schreie wie blöd, bis ich irgendwann nicht mehr schreie und mir denke, das ist mir jetzt zu blöd, hört eh keiner, das mit dem schreien, ich lass das, aus, ende, ruhe, ein blödsinn, das alles *es gibt kein großes stilles bild.*

sieben

MAGGIE schon blöd, denkst du dir da am boden jetzt, da war ein so ein elendiger hunger nach was ganz anderem, das dich umgetrieben hat, dieses ganz elendig andere, dieses verbildlichte, elendige bessere, dieses perfektere, das dich weitergetrieben hat, dem du hinterher, dem hunger, nach dem besseren, das du überall gesehen hast, das bessere, dem du dein eigentliches untergeordnet, und immer warst du dir so sicher, dass du dem besseren jetzt folgst, dass du dem besseren auf die schliche jetzt getreten bist, dem besseren quasi direkt reingestiegen bist, aber dann gibt es so momente, ja, so unscheinbare, so falltürmomente, so elendig unscheinbare, intransparente, untergeordnete, reingestiegene momente, denkst du dir am boden jetzt und drehst dich kurz weg, damit der nicht wieder ins gesicht, so momente, in denen du dir selbst um den hals fällst, hier falltür auf, selbst raus, jawoll, servus, und dann stehst du da, in so einem augenblick, mit deinem selbst, das dir um den hals fällt, zudrückt, elendig zu, da weißt du dann auch nicht, ja, was sagt man denn zu seinem selbst, wenn es einem um den hals fällt, was sagt man da außer servus, wenn man es plötzlich wieder vollkommen ungeschminkt präsentiert bekommt, wenn es sich so aufbäumt vor einem, da steht es dann, das selbst, schaut dich an, drückt, grinst und freut sich so, dich zu sehen, dass es immer fester drückt, dein selbst, sich offenbart, und da kannst du dann nichts machen, wenn dein selbst sich offenbart, da bist du zum schweigen verdonnert, von einem gegenüber, das du relativ gut kennst, da weißt du schon, widerspruch zwecklos, da kann man nichts machen, kannst nagen und beißen und kämpfen, wie du willst, das ganze hocharbeiten ist dann auch nichts mehr wert, am ende bleibst auch nur ein kostüm von einem ego, kein richtiges wird da kommen, kein ego nirgends, kein selbst, nur kostüm, zu dem du dich so gut es geht verhältst, das deinen namen trägt, wenn nichts mehr geht, wird sich irgendwas ständig sperren und noch mehr hunger wirst du haben, nach noch mehr ganz anderem, aber nichts wirds bringen, auch wenn du dir lange einredest, dass du jetzt dazugehörst oder es geschafft hast, wirst du fremd bleiben in der stadt, unter den leuten, ob du willst oder nicht, wirst du andauernd damit rechnen, dass deine tarnung gleich auffliegen wird, dass gleich alle sehen, dass dein außen nicht einfach lockerlässig und so, sondern harte arbeit, dass den ganzen tag die ambitionen an dir nagen, dass der hunger nicht loslässt von dem ganz anderen da draußen, dass man dich durchschaut, wirst überhaupt andauernd allen ständig unterstellen, dass sie deine tarnung auffliegen lassen wollen, dass sie dir überhaupt irgendwas wollen, und da wirst du anfangen was zu erfinden, dir was einzureden, genau die zu werden, die du nie werden wolltest, wirst nie als selbstverständlicher mensch, immer nur als bild von einem selbstverständlichen menschen herumlaufen, durch eine welt, die nur aus bildern gemacht ist, wirst immer auffallen in diesen bildern, keiner wird die spuren los, die ihm vorausgegangen, da kannst du auch nichts machen, den spuren läufst du hinterher, und die werden dich immer einholen, dann lachst du kurz, hustest, weil der nebel jetzt vom tränengas heftiger wird, weil der wieder und wieder nach dir tritt *die wellen kehren jetzt langsam zurück an den anfang, die schwarze oberfläche beruhigt sich, langsam beginnen die bilder sich übereinanderzulegen, verschwimmen, der ereignishorizont eines bildes, was ist der ereignishorizont eines bildes? das bild, der ölteppich, der sich über die welt legt und dann so tut, als wäre nie etwas gewesen, wieder gescheitert am bild, denke ich, wieder einmal gescheitert am bild, wieder einmal gescheitert, alles wird schwarz, die bilder verwischen zwischen den zeilen.*

acht

BEN spinnereien

MAGGIE deine spinnereien

BEN sie kommt nach hause, sieht fertig aus

MAGGIE zerwühlte haare, dreckiger mantel

BEN sie ist erschöpft

MAGGIE vollkommen außer atem, sehe ihn mit einem irren blick an

BEN stiert mich kurz an

MAGGIE mein mantel ist staubig, er fragt nicht nach

BEN wieder weggedreht

MAGGIE warte ab

BEN sage nichts

MAGGIE ich ziehe den mantel aus, sehe ihn nur beiläufig an, so als wäre ich in gedanken, na?

BEN mit aufgequollenen augen starre ich in die wohnung

MAGGIE so tun, so gedankenversunken tun, so die ärmel gerade ziehen, die schuhe langsam aufmachen, alles wiederholen, so oft, bis man selbst wieder dran glaubt

BEN frage, was war

MAGGIE kleine gesten, aufmerksamkeit, alles beim alten

BEN ich sehe sie noch kurz an

MAGGIE lächle ihn an

BEN sie drückt meine hand

MAGGIE presse die lippen zusammen

BEN lächle sie an

MAGGIE ich stinke

BEN sie geht duschen, ich mache das licht in der küche aus, richtung schlafzimmer, fenster zu

CARO

mit heißem kaffee auf dem dachbalkon

i grew up in the seventies with movies like ›under fire‹
der japaner von asahi gähnt neben mir auf dem liegestuhl
›the killing fields‹, ›apocalypse now‹ and ›the deer hunter‹
dann sieht er mich, spielt erschrocken und peinlich berührt
i was intrigued by the war in vietnam
weil er nur noch die unterhose trägt
by what reporters were doing there
wir lachen lange und angestrengt
now i've worked in the middle east
und dann beginnen wir auch noch ein gespräch
been to sumatra about five times, i guess
mit so einem well, so am dach in der unterhose
sad stories but interesting in a way
wir haben einige gemeinsame bekannte, sagt er
i know them from nigeria, we worked there for le monde
da kann ich auch nichts dafür, sage ich
i was in a governmental residency program in mexico
und wieder lachen wir lange und angestrengt
highly decorated people there, yes
dann trinken wir wieder kaffee und schauen in die nacht hinein
good connections, my first big
der japaner von asahi kratzt sich am bauch
feature, time magazine
irgendwo fliegen girlanden herum

MAGGIE sperre ab und warte einen moment, bis ich das licht aufdrehe

BEN warte und lausche, bis sie das wasser aufdreht

MAGGIE er bleibt in der küche, kurz ruhe, dann knarzt der boden

BEN nehm mir eine orange frei von konservierungsstoffen, die ich in aller ruhe schäle, während ich zum fenster hinaussehe

MAGGIE ich drehe das licht auf
BEN ein stück nach dem anderen verschwindet
MAGGIE warte nochmal einen moment

CARO
jetzt grinst er, der japaner von asahi auf dem plastikliegestuhl
  i used to cover mostly nature magazines
kaum geld, dafür immer im einsatz
  but nature doesn't pay that well
das kommt ihm bekannt vor
  wars pay well
er nickt und hebt die schultern
  everyone wants to see images of the war
ich höre mich sprechen
  but in the last years a lot of people
unterbezahlte praktika for highly decorated magazines
  started photographing in conflictzones
im hintergrund brüllt die italienerin herum, man feuert sie an
  are there more wars now or just more images

BEN ich lasse den teller mit der schale stehen
MAGGIE das hemd verdreckt, der bh klemmt
BEN ich sehe mich um, gehe zurück in den flur, am bad vorbei etwas langsamer
MAGGIE das fenster quietscht immer noch beim öffnen
BEN im wohnzimmer liegt noch die zeitung von gestern, es quietscht im bad
MAGGIE drehe das licht ab
BEN sie dreht das wasser auf, steigt in die dusche

CARO
der japaner von asahi versteht nicht
  no, i don't see

der versteht das einfach nicht
  it doesn't matter
wenn man dann mit mitte dreißig immer noch glaubt
  could i borrow a cigarette?
da kommt noch was, da baut man sich jetzt erst was auf
  i stopped half a year ago, i think, bad, bad habits, yes
im freien baut man sich was auf, würd ich dem gern sagen
  we could ask the guys from afp
aber der versteht das nicht, der japaner, das mit der freiheit
  the french press
das hat der schon vergessen
  always has some liquor
der hat sich da schon eingerichtet
  well, i could handle
auf dem plastikliegestuhl in der wüste
  another bottle
macht sich keine gedanken über förderungen und stipendien
  you want another one right, c'mon
und wo man sich noch bewerben kann
  i'll go and get some, be back in a second
wenn man hier aus der globalen krise raus ist

MAGGIE ich stehe vor der dusche, höre dem wasser zu
BEN höre dem wasser zu und blättere die zeitung durch, kaue auf meinem daumen herum
MAGGIE auf meinem oberarm sind noch schlammreste
BEN ein abgebissener fingernagel in meiner hand
MAGGIE ein kratzer am bauch
BEN stecke ihn ein
MAGGIE er ist noch rot
BEN presse ihn in der hosentasche zusammen, spiele mit dem fingernagel
MAGGIE die beine aufgeschürft

BEN überfliege beiläufig newsticker und warte

CARO ich schiebe mich wieder rein, rempel mich angewidert durchs internationale, durchs tagesgeschehen, durch europa, durchs ausland, das kann doch hier nicht wahr sein, die spielen das doch

MAGGIE drehe das wasser immer heißer, bis auf anschlag, presse den rücken gegen die kalten fliesen, sehe zu, wie die gläserne duschkabine langsam anläuft

CARO auf dem weg zur minibar, die rothaarige, italienische journalistin, sie trägt nur noch eine kugelsichere weste

MAGGIE sehe den nebel aufsteigen in der kabine, höher und höher

CARO man beklagt eine verschwundene wodkaflasche, die musik dreht ab, ich lächle lange und angestrengt

MAGGIE das ganze duschwasser färbt sich rot, aber so richtig abgehen tut auch nichts

CARO

der serge sieht mich und kommt sofort angetanzt
my friend, my friend, ça va?
mit klischeeakzent, und die schwer besoffene abordnung
on dirait que vous pourriez utiliser une bière
die mediale internationale schafft es nicht, sich zu beruhigen
je te dire: la suédoise a goûté comme du sucre
imitiert den serge mit seinem schnurrbart
c'est la sueur d'angoisse
alles hilferufe in wirklichkeit
et de la mort ici, ce qui est tres sweet
aber das wisst ihr natürlich selbst auch
nous avons tous le même goût ici
ihr unsicheren, vorsichtigen arschlöcher
sweet, comme les morts

MAGGIE diese bescheuerte dusche, in der man zeit verbringt, dieses fertigteilding, in dem man sich zurechtfinden soll, mit wasserfesten, verchromten griffen, die einem ein besseres leben herbeistrahlern sollen

CARO

und schon hat man ein glas likör in der hand

you have to come over here, come here, yes, c'mon

und eine flasche am hals und man möchte gar nicht

good. my friend, wonderful

MAGGIE der nebel steigt höher, sammelt sich, wird dichter, beginnt zu brennen, wird heiß und unangenehm, wieder panik jetzt

CARO und alle sind sie am reden und keinen hält man eigentlich mehr aus, und alle reden sie vom gleichen und hören nicht mehr auf und sind nicht totzukriegen, selbst wenn man sie wegsperrt, ins krisengebiet schmeißt, und die italienerin in ihrer kugelsicheren weste hat einmal den bush interviewt vor jahren, und ganz wild kritisch war die, ganz kritisch, und schnattert in diesem sowieso kaum erträglichen italienisch ohne ende von ihrer kindheit in den abruzzen, die fernsehschnalle, die vom privatfernsehen sind immer die schlimmsten

MAGGIE reiß die duschtür auf, aber der dampf ist schon überall, brennt, fährt in die nase, die augen beginnen zu tränen

CARO ja, und geh du mir nicht am arsch mit deinem spanischen akzent und deiner scheißüberzeugung und deinen scheißansichten, um die wärs hier allen richtig schade, um dich und deine ansichten, du stipendiengeschwängerte existenzkrise, eine katastrophe wäre das, wenn dir das geld ausgeht, geh du mir jetzt hier nicht am arsch, mit deinem bescheuerten ironischen lachen, deiner selbstgerechten betriebsamkeit und deinem beschissenen gerede von globalität und creative commons, du mit deinem scheißseniorfellowship, du kuratorengroupie, du hamster

yes, no, look, go and get yourself some liquor, yes, o.k.? look, that's mine, asshole

MAGGIE das ist doch jetzt ein witz hier, oder, das ist doch jetzt hier alles irgendwie nicht wahr

CARO

jaja, ist einem kritischen gespräch durchaus nicht abgeneigt, die susi aus den abruzzen mit ihrem phd in culture and politics an der – wie hat sie gemeint? – university of utrecht, ich meine utrecht, utrecht?!

we did a lot of psychoanalytical theory

höre ich sie noch sagen, bestimmt

i even met alain ehrenberg once

in utrecht, kann ich mir vorstellen, wie ihr da sitzt und mit eurem gelaber nicht fertig werdet, und jetzt steht sie hier nur noch in ihrer kugelsicheren weste wie salma hayek oder juliette lewis

i think freud was wrong in certain points

bestimmt

MAGGIE alles voller nebel wieder, überall diese hitze, dieser dampf

CARO

no

grabscht wieder einer rüber

actually i'm not interested in your political vision, right

aber der lässts nicht bleiben und hängt mir schon im gesicht

get the fuck off!

dann schlage ich zu, so

BEN dann stehst du da, ein bisschen verloren vielleicht, in den resten deiner aufsteigerwohnung, voller schlechter erinnerungen, zwischen bildern, in deiner aufsteigerwohnung stehst du zwischen den schlechten erinnerungen, die dann eine nach der anderen raufschießen

CARO aber als hätten alle eh nur drauf gewartet, steigen alle mit ein, jubelschreie, frenetisches prügeln, unweigerlich, als wären sie vorbereitet gewesen, jeder gegen jeden, weil diese bekiffte katalanische nase in einem poloshirt mir plötzlich von community quasselt, hand aufs herz usw., ich schlage ihm zweimal ins gesicht, hinter ihm gleich noch so ein katalane, und ich gehe zu boden und lieg da so am boden und über mir die weltpresse, die übereinander herfällt und ein helikopter tatsächlich, durchs fenster rein ein helikopter

MAGGIE am fenster stehen und durchatmen

BEN in die dunkelheit hineinlauschen, hast du hunger?

MAGGIE greife mir in die haare, die noch nass sind

BEN fragst lauter, hast du hunger?

MAGGIE die heiße luft zieht ab, das bad kühlt runter, ein leichtes frösteln auf der haut

BEN sie antwortet nicht

MAGGIE drehe das wasser ab

BEN ich klopfe an die tür, lausche

MAGGIE lehne mich gegen die tür, lauschend

BEN klopf so vorsichtig zuerst, dann ein bisschen fester

MAGGIE wie man dann an einer türe steht und das licht ausmacht, sich im dunkeln verkriecht und klischee wird

BEN das bad kommt aus dem katalog, das fällt mir jetzt ein, und der fußboden und die fenster sowieso, die aussicht gleich mit

MAGGIE und es wirkt so gestohlen, das ganze, alles hier, die ganze situation, das hat überhaupt nichts mehr mit mir zu tun

BEN und die küche, alles aus dem katalog, die ganze wohnung – alles aus dem katalog eigentlich

MAGGIE klopfe den handtuchturban fest, lächle mich im spiegel an, mache das licht aus und an und aus und an und aus und an und ziehe dabei grimassen, und tiefer kann man dann nicht mehr gehen, als sich über sich selbst in seinem einbaubad lustig zu machen, und an und aus und an und aus, richtig erhebend

BEN alles hier billig, und ich klopf jetzt richtig laut, donnernd

MAGGIE ich hasse das – die grautöne, scheiß vagheit, scheiß vagheit, scheiß dampf, immer mehr davon – der kommt unter der tür rein

BEN ich rüttle an der tür, brülle, rufe ihren namen, trete gegen die tür, donnere, in der aufsteigerwohnung, wie ein volldepp

MAGGIE der schlüssel lässt sich nicht herumdrehen, wie eingesperrt, und dann habe ich angst, ich sehe nicht mehr weiter als bis zu meiner badezimmertür

BEN und ich stehe im flur und hämmere gegen eine einbaubadezimmertür aus dem katalog und rüttle am türgriff, als wäre da noch irgendwas dahinter

MAGGIE und ich drücke mich gegen die türe aus amerikanischem nussbaum und ich höre ein leichtes dröhnen und pochen, das langsam näher kommt

BEN ziehe am türgriff, hebe die tür hoch, ramme meine schulter dagegen und möchte aus meiner wohnung in mein bad fliehen

MAGGIE die tür dröhnt leise hinter mir, wird immer wärmer, dampf schießt rein schon die ganze zeit

BEN die tür reißt aus den angeln, endlich

MAGGIE die tür bebt, glüht, beginnt zu zerfallen, und es dröhnt

BEN und dann hat man sich entschieden, ohne es zu wollen, man hat seine wohnung ruiniert

MAGGIE mehrmals, wird immer heftiger, die türe zerbröckelt

BEN die badezimmertür liegt in trümmern

MAGGIE während ich mit dem handtuch um die pralle brust und dem feuchten gesicht vor mir stehe, mir zusehe, wie ich gegen die türe hämmere und trete mit der nagelschere den spiegel zerkratze den teppich in den ausguss stopfe haar für haar für haar für haar und die waage hunderttausendmal und bis zur potenz davon gegen die tür werfe und die gewichtsanzeige ist doch endlich und der gewichtsanzeiger der kleine pfeil wie nennt man den ist doch nur ein pfeil und zeigt jetzt ins nirgendwo zwischen den fliesen unter die schränke und ich reiße den duschkopf ab und drehe das wasser auf und überflute das badezimmer und verstopfe den abfluss

BEN das einbaubad, die gläserne kabine, der indirekt beleuchtete spiegel

MAGGIE dann wieder die scheinwerfer um mich rum, füße, die über mich hinweg starten und ein typ, der einfach auf mich zu jetzt, der auf mich zuschießt

BEN natürlich ist sie nicht da, ich öffne das fenster, lehne die türe an die wand, vermeide den blick in den spiegel

MAGGIE und ich denke mir nur, nein, nicht in meinem bad, ich schlage um mich, richtig fest, ich trete und hample, aber keine chance, der startet auf mich hin, wie eine schlechte erinnerung

BEN drehe das wasser auf

MAGGIE versuche aufzustehen, aber hilft nichts

BEN und mir fällt es immer leichter zu glauben, das ist alles nur fake

MAGGIE schreie und sehe nur die stiefel näher und näher kommen, versuche zu sprechen, aber die lippen wollen nicht, und die finger sind gebrochen schon und ich glaube, mir ist schon einer, irgendwer, in den bauch gestiegen, mehrmals, das auge quillt auf, ich schmecke blut auf der zunge, die stiefel kommen näher

BEN ich ziehe mich aus, ekele mich vor mir, weiß nicht mehr weiter

MAGGIE und ich halte mir, glaube ich, noch die hände vors gesicht oder stelle mir das zumindest vor, wie ich mir die hände so vors gesicht halte jetzt, und hoffe, dass ich das auch mache

BEN und dusche

falls bislang noch keine bilder verwendet wurden, beginnt jetzt ein bildersturm. die bühne leer und verlassen, wie zu beginn. lange geschieht gar nichts. dann fällt ein bild vom himmel. pause. dann ein zweites, ein drittes, ein viertes. immer mehr bilder fallen vom himmel auf die bühne. wichtig ist dabei: keine fotos. keine filme. keine gemälde. keine schnappschüsse. keine aufnahmen. sondern bilder. dem wortsinn nach. unglaubliche, riesenhafte, wirkliche bilder. auch gern ganz winzige und unbedeutende bilder. vollkommen egal. nur keine fotos. der sturm dauert an bis ans ende des stücks.

neun

BEN und dann stehst du da, erschöpft, vom kontrast vergewaltigt, bildopfer, am ende der vorstellung, und weißt auch nicht, schlechte erinnerung, die dich heimgesucht hat, schlechte erinnerung mit sturmmaske, die amok gelaufen ist und dich niedergerannt hat

MAGGIE ich bin dann mal kurz weg, ja

BEN genau, hast den mantel übergezogen, kurz raus aus dem gemeinschaftlichen bild

MAGGIE mit dem mantel einfach mal kurz raus, reicht ja auch manchmal

BEN und ich hab noch hinterhergeschrien und von wegen sicher nicht und wir sprechen uns noch und so

MAGGIE luft schnappen, weil das gemeinschaftliche bild erstickend ist manchmal

BEN jetzt ist das gemeinschaftliche bild ein erinnertes, eins, das täuscht noch dazu

MAGGIE lieber gut getäuscht als schlecht erinnert

BEN die welt, das dreckssediment verhält sich immer nach den bildern, auch wenn wir wissen, dass sie falsch sind, dass sie produziert werden, dass sie aus dem rahmen gebrochen sind, aus dem kontext gerückt sind

MAGGIE das ist ein problem des bildes, nicht des fotografen

BEN und tür zu und bild aus und schlechte erinnerung

MAGGIE am ende bleiben die bilder übrig

BEN und machen geschichte

MAGGIE sagen, so ist es gewesen

CARO der helikopter, denke ich, mit kopfweh am boden, alle hier laufen im kreis, brüllen, die waren vollkommen durcheinander

BEN am ende hat man dann eine ganze welt in bildern vorliegen, die man nicht gemacht hat, die man sich nicht ausgesucht hat, die aber genau so ist, wie sie gezeigt wird

MAGGIE das schlimmste ist ja bekanntlich das eigene bild

BEN das nicht stimmt, das einfach nicht stimmt, das aus der form gebracht ist, wer kann sich schon selbst komplett überblicken, man sieht ja immer nur hände, füße, ist immer mehr bei den bildern als irgendwie bei sich

CARO mein kopf donnert, und alles um mich ist still

MAGGIE und dann sieht man irgendwann ein falsches bild, eines, dem man keinen glauben schenken möchte, eines, von dem man weiß, das ist jetzt in die welt geraten, das bild, das bleibt, wird weltbild, auch wenn es verkehrt ist, auch wenn es nicht stimmt

BEN ein jedes weltbild ist falsch, ist eine zurichtung, eine anmaßende, wir sind über nichts im bilde und dann muss man identifizieren, anhand des bilds, muss die welt identifizieren, die mit dem bild jetzt die tür eingetreten hat und von jetzt an neue welt ist, ein bild für die ewigkeit

CARO durch die offenen fenster kommt rauch, scheinwerfer, aber der helikopter ist nicht wegen uns da, am balkon draußen stehen schon ein paar, fotografieren runter, auf die straße

MAGGIE du wehrst dich gegen das bild, aber das bild hat eine gespenstische eigenlogik, einmal in ihm verrannt, kommst du nicht mehr heraus, bleibst du bildopfer im rahmen deiner anschauung

BEN die erinnerungen sind die schlimmsten bilder

CARO der japaner wieder, hektisch an mir vorbei, richtung kamera und unten auf der straße wieder aufstand, keiner weiß, warum, keiner weiß, weshalb, aber alle laufen, wegen der bilder

MAGGIE es gibt keine schlimmen bilder, es gibt nur beschissene perspektiven

BEN wenn man alleine auf das gemeinschaftliche bild schaut, ist jede perspektive beschissen

CARO die italienerin in ihrer kugelsicheren weste hängt plötzlich neben mir und brüllt mir ins gesicht, schießt an mir vorbei, und ich frag mich, ob die jetzt nur mit der kugelsicheren weste die fotos macht

MAGGIE immer ist das gemeinschaftliche bild ein nervtötendes, oder, erst wenn man alleine draufschaut, versteht man es, oder

BEN also gut, unsere gemeinsame vorstellung ist vorbei, schwamm übers weltbild, ich erkenne die füße, ich erkenne die arme, ich erkenne das gesicht nicht mehr, ich muss mich konzentrieren, dieses opfergesicht war einmal deines, jetzt liegt das da vorm hotel im müll

CARO
ich natürlich hinterher
  tim hetherington, photojournalist
der ägypter an mir vorbei
  filmmaker, and vanity fair
rempelt mich an, entschuldigt sich, ich nicke
  contributing photographer, was killed today
humple
  while covering an armed conflict
und spring in den aufzug
  tim died about two hours ago

BEN bist rausgeschossen und ich noch so und von wegen sprechen uns noch und so weiter

MAGGIE ja, und ich retour und von wegen gern, falls ich zurückkomme, weil mir reichts, hab ich gesagt, glaub ich

BEN ja eher so, genug, nur ein wort, das weiß ich noch, genug, da ist mir nichts mehr drauf eingefallen

CARO
der aufzug öffnet sich mit einem dieser bings!
  said peter n. bouckaert, of human rights watch
drin der serge, der schon am handy und mich anlacht
  in geneva, a friend of hetherington's
schon e-mails und anfragen, er knöpft sich noch das hemd zu
  three other journalists were also hit
die rezeption voll mit rauch und schutt und verletzten
  in an r. p. g. attack, one being
eskalationen auf einer demonstration, schreien
  getty photographer chris hondros
journalisten der westlichen hemisphäre, die
  who was seriously wounded
schon längst ihre laptops in den trümmern
  photographer guy martin, of the panos agency
aufgebaut haben und bereits artikel
  who is in very serious condition
verfassen und liveticker bespielen, im vorbeigehen höre ich
  and a freelancer, michael brown
dass mein koffer mittlerweile aufgetaucht sei
  who is slightly wounded
man entschuldige sich für die unannehmlichkeiten

BEN den eigenen körper sieht man ja nie von außen, den anderen schon, darum fällt das identifizieren leicht, und gewartet hab ich wie lange, zwei stunden, drei, hab den sturen gespielt

MAGGIE ich hab die sture gespielt

BEN genau, ich dafür so der unnahbare, so der unnahbare, mein klischeebild immer

MAGGIE beschissene perspektive jetzt, die das bild in die welt gebracht, scheißbild, denk ich mir, du hast schon recht

BEN bist raus, tür zu, licht aus, und das bild schaut mich jetzt an und bleibt

MAGGIE das ist ein problem des bildes, nicht des fotografen

BEN hast mir nochmal den finger gezeigt und die tür zugeknallt, so eine, ich mein, so eine scheiße, dass das jetzt einfach so

MAGGIE moment, ich hab sie angelehnt, ich hab kurz gewartet und du auch, die halboffene tür haben wir beide wie blöd angestiert und ich hab gesagt, ich fahr jetzt raus, wenn du nicht, dann fahr ich raus, hab ich noch gesagt

BEN ja, könnte sein, dass da was, war da was, könnte sein

MAGGIE und aber gut, jetzt kein konjunktiv, bilder haben keinen konjunktiv, dann bist du raus und hast die tür zu, finster und mich angeschaut und finster

BEN stimmt, und ich hab sie zugeknallt, die tür, mein fehler

CARO

draußen liegen überall schilder
  the u. k.-born, brooklyn-based hetherington, 40
schneit es oder ascht es
  who had dual british and american citizenship
mittendrin, die susan von der ap
  was best known for his work in afghanistan
die versucht, eine junge frau im mantel
  much of it shot for vanity fair
die noch unregelmäßig atmet
  he won the coveted world press photo of the year award
bei bewusstsein zu halten
  for his coverage of american soldiers in the korengal valley
sie winkt mich zu sich
  one of four world press prizes he received
kopfhörer liegen am boden neben
  those assignments in afghanistan
gaskartuschen, tränengasmasken, schildern
  served as the basis

die susan von ap sieht mich ungläubig an
    of the 2010 oscar-nominated documentary ›restrepo‹
beatmet dann weiter das zerprügelte gesicht
    which he directed
das heftig atmend nach oben schaut
    with vanity fair contributor sebastian junger
während ich die linse abwische und ansetze und die am boden
    author of ›the perfect storm‹
die versteht dann und schaut mich an
    the film was recognized
die versteht dann und schaut tief rein in die linse
    for its decidedly apolitical approach
schaut einmal noch rein, und sieht da schon das bild
    to the war
das sie schon geworden ist
    as recently as yesterday
schaut und ihr blick rein ins objektiv, die blende aufgerissen
    hetherington tweeted about indiscriminate shelling
schießt durch den verschluss
    and he sent an e-mail to a vanity fair editor
bleibt hinter dem verschluss der blick, das licht
    am currently in misrata
ihr blick schaut sich die kamera von innen, sieht den mikrochip
    hetherington also created short films
schwarzes quadrat im dunkeln dieses plastikkörpers
    about the g.i.s he encountered
das sich aus dem licht jetzt eine welt ausrechnet
    in the korengal and released a book of photographs
und den ereignishorizont gleich mit dazu
    infidel, examining the lives
der mikrochip sagt
    of the men of a battle company of the 173rd airborne
dieses bild ist jetzt in der welt, sagt
    i saw him in the street

dieses bild ist jetzt die welt, sagt
  where he provided first aid
weiter als bis zu diesem bild siehst du in der welt nicht mehr
  for a wounded woman
sagt, dieses bild ist jetzt dein horizont
  he was covered with blood
sie schaut, versteht, sieht linse blende mikrochip, weiß
  and he waved at me
jetzt wird sie welt und schaut mich an, dann drücke ich ab
  to help him, then suddenly
wenn etwas explodiert, ist da zuerst ein heller blitz
  the street was filled with smoke
dann erst spürt man die wärme, hört den donner
  something exploded, maybe a car?
aber das merkt dann keiner mehr
  i never saw him again
vielleicht hats schon längst geblitzt und
  i immediately called a woman of the ap, his agency
jetzt erst kommt langsam der donner

black

zehn

– wieder nur bilder
– nichts neues, auch nur bilder, auch wenn die hier irgendwie also zu grafisch wirken
– ja auf jeden fall, steh ich komplett dahinter
– wir können den kontrast noch irgendwie rauf, sollen wir den kontrast rauf, kontrast wirkt dramatisch
– grafisch und unemotional, das wirkt hier doch, ich meine, das glaubt uns doch keiner, dass das, ich seh die hier schon kommen, seh ich die, die unterstellungen hier wegen dieser serie, von wegen ausgesuchter schrecken, elendslandschaften, altbekannte und so weiter
– irgendwas müssen wir ja zeigen, man kann ja nicht nicht erzählen
– ständig unterstellen einem alle, dass diese bilder ja gerade nicht das zeigen, was sie zeigen sollen, aber das ist ja ein problem des bildes, nicht des fotografen
– aber wo es um fotos geht, wird jeder zum buchstabengläubigen
– wieder nur bilder, als hätte man die schon mal gesehen
– zu grafisch
– zu vorhersehbar, die ganze serie irgendwie zu vorhersehbar, längst gesehene leichenberge diesmal wieder, stadtlandschaften, ausgebrannte, autowracks, zerschossene, bevölkerung, ausgehungerte
– und alles in schwarzweiß, man sieht ja hinter der oberfläche gar nichts mehr, wieder nur bilder, hinter all den bildern längst gesehene bilder, flachgetretene bilder, von einer flachgetretenen welt, die man hinter den bildern nicht mehr zu sehen vermag, die hinter den bildern schon längst nicht mehr sichtbar ist
– sonst schrauben wir einfach den kontrast nochmal rauf

– wie waffen und autos sind auch kameras spielzeuge, die süchtig machen
– da stapeln sich jetzt die katastrophenpornos in der planetarischen bilderflut, und ich versteh diese serie voll mit offensichtlich schreienden verwundeten hier überhaupt nicht mehr, sucht dieses bild noch nach verantwortlichen, interessiert sich irgendwer für die opfer, warum liegen da drei schreiende menschen im wasser, und wer hat da jetzt zeit noch zu fotografieren?
– das ist ein problem des bildes, nicht des fotografen
– tragisch ist, dass wir längst wissen, dass der appetit auf bilder, die schmerzen leidender menschen zeigen, so stark ist wie das verlangen nach bildern, auf denen nackte leiber zu sehen sind
– im schlimmsten fall schrauben wir einfach mal den kontrast noch ein bisschen rauf, kontrast wirkt glaubwürdig
– die einzigen bilder, die mich interessieren, sind inszenierte bilder, es gibt keine glaubwürdigen bilder mehr, das sieht man hier ja auch, in dieser serie, alles hier ist belegbar, alles hier wurde so wiedergegeben, wie es berichtet wurde, aber es ist nicht glaubwürdig
– ich versteh eigentlich überhaupt nicht, wenn ich jetzt also in mich gehe hier, verstehe ich überhaupt nicht mehr, was dieses bild in schwarzweiß, in dieser serie, in dieser stadt mir eigentlich sagen soll, außer dass es mich darin zu bestätigen versucht, dass ich noch nicht blind geworden bin, ich sehe noch irgendwas, ich weiß nur nicht, was, ich akzeptiere die bildunterschrift, ich akzeptiere, dass jemand dort war und ein bild gemacht hat, ich akzeptiere, dass ich mir dieses bild ansehe, ich akzeptiere das bild als eine tatsache in der welt, ich akzeptiere, dass es bilder gibt, dass es dieses bild hier gibt, aber ich verstehe eigentlich, wenn ich jetzt ganz intensiv dieses bild anstarre, nichts, ich verliere den überblick über das bild, die serie und weiß nicht, ja, noch einmal den kontrast bisschen rauf? kontrast wirkt dramatisch

– das ist doch alles ein problem des bildes, nicht des fotografen, der fotograf kann mit dem apparat auch nur reproduzieren, der kriegt das bild nicht aus dem apparat raus, man bräuchte einen anderen apparat für eine andere welt
– sag ich ja, mehr kontrast
– man soll sich die bilder auch nicht genau ansehen, dann würde einem sofort klar werden, dass die keinen sinn ergeben oder abhängig sind vom unsinn anderer bilder
– bilder haben keinen sinn, bilder verweisen auf andere bilder
– aber das ist ganz schön, wo der so durch die ruinen alleine, der typ hier
– ja, der typ alleine in den ruinen ist ganz schön
– beruhigt mich irgendwie
– ja?
– beim hinschauen, mein ich, rhythmisch, mein ich, als anordnung, hier eher so der bagger, der das massengrab aushebt und eher authentisch, hintergrundtechnisch, realitätstechnisch gut wirkt, und dann am ende hier so der typ in den ruinen, das find ich jetzt so spontan einfach irgendwie beruhigend
– wir können den kontrast jederzeit noch hochschrauben, ums etwas tiefsinniger zu machen
– weiß ich nicht, beruhigend, tiefsinnig, ich seh da gar nichts mehr, ruinen, ja, stimmt, ich nehme auf diesen bildern eigentlich überhaupt nichts mehr wahr, dass jemand diese bilder überhaupt noch betrachtet, ist für mich eher das wunder, dass noch irgendjemand diese bilder ernsthaft also betrachtet, dass jemand noch zum betrachter dieser bilder wird, dass diese bilder betrachtet werden, also wirklich, das ist das viel größere missverständnis, das sind keine bilder, das sind kontrastverzerrte unterhaltungsmonster, vulgärrealistische obszönitäten aus einer eigenen welt, in der eigene codes gelten, deshalb sage ich ja, ich glaube, am ende sollte der typ alleine über eine doppelseite durch die ruinen seiner stadt gehen

– wir wissen nicht, ob das seine stadt ist, wir wissen noch nicht einmal, ob das eine stadt war
– auf diesen bildern ist einfach nichts mehr zu sehen, desto mehr welt sie zeigen, desto weniger wird für mich darin sichtbar
– diese kontrastmonster, diese bilder sind nicht schuld an dem, was sie zeigen
– doch, diese bilder sind das problem, das, was sie zeigen, ist das problem, das ist alles ein problem des bildes, nicht des fotografen
– sollen wir das nochmal irgendwie vergrößern?
– ja, mach das mal eher richtig doppelseite, das wirkt nicht so überfrachtet, trotz des leichenbaggers, aber das hat einfach doch was kontemplatives
– subtil
– subtil kontemplative stadtlandschaften, ausgebrannte, wut ist auch gut, übrigens
– wut kommt am ende immer gut, hier die empörung anspielen, über empörungsmarker gehen, am besten dazwischen
– den kontrast anziehen und ein paar empörungsmarker setzen
– und wieder nur bilder
– diesmal auch solche, die man sich immer schon mal genauso vorgestellt hat
– dass der blick da einem auch nicht gehorchen mag und einfach mal etwas vorstellt, was unverständlich ist
– verstörend und erschreckend ist ja eigentlich, wie vorhersehbar alles geworden ist
– trotz oder wegen der bilder
– bilden bilder ab oder erzeugen die sich gegenseitig?
– erschreckend, dass die bilder immer zuerst da gewesen sein werden, jetzt ja auch schon wieder
– erschreckend auch, dass man das gefühl hat, auf die welt immer nur durch bilder hinzustieren, dass diese bilder einem aber

den blick geradezu verbauen, dass man also eigentlich nur ins weltbild hineinstiert, während das weltbild zurückstiert, und am ende weiß man weniger als je zuvor, obwohl man andauernd alles sieht
– sind die bilder schuld an dem, was sie zeigen
– sonst drehst du halt den kontrast noch einmal rauf
– mir ist das, ehrlich gesagt, zu grafisch und unemotional, also tatsächlich
– versteh ich nicht
– das hier, genau das hier, ist ein problem des bildes, nicht des fotografen
– die bildlichkeit, mein ich, ich finde natürlich, dass da unten, die trauernden um den toten
– ja, deshalb meine ich ja, hier, die trauernden
– das war da, wo du auf der vulkanerde niemanden beerdigen konntest, wo du diese leichenberge hattest
– das ist jetzt schon hier, also in dieser anordnung ganz schön viel elend
– und am ende
– das ende ist natürlich ganz schön, mit dem einen alleine in den ruinen, das ist natürlich ganz beeindruckend so
– sonst dreht man hier einfach nochmal am kontrast
– im schlimmsten fall einfach den kontrast raufschrauben

bis hierher
ende der vorstellung
vielen dank

PARADIES SPIELEN
(ABENDLAND. EIN ABGESANG)

teil drei der klimatrilogie

black snow falls

aus den notizen einer anonymen klimaforscherin
(spätes zwanzigstes jahrhundert)

zur besetzung freigegeben sind

EIN SINGENDER KONDUKTEUR

ZWEI CHINESISCHE WANDERARBEITER

EINE HANDVOLL PASSAGIERE
MARIANNE SONJA DORIS FRED MARTIN

und ein

AUSGEBRANNTER CHOR IM EWIGEN ICE DER SPÄTMODERNE

den man
so die empfehlung des verfassers
durchweg als kinderchor
besetzen sollte

entstanden im ewigen ice zwischen mannheim und linz als

auftragswerk
für das
nationaltheater mannheim

mein dank gilt
neben dem theater
allen mitreisenden und
insbesondere
dem medizinischen personal im kepler universitätsklinikum
linz

abteilung
verbrennungschirurgie

das stück ist als
gescheiterter monolog zu lesen

ps
überlegen sie dreimal bevor sie ins eigene
verderben und auf die kleine bühne mit dem text laufen als
alternative gehts nämlich immer auch
im großen haus wenn das aus
welchen gründen auch immer eher
schwierig ist dann gern auch
in der oper ich
habe da keine einwände

nachspielen wird wie immer
ans herz gelegt

weil es für mehr
als einen abend reicht

und außerdem

erst in der wiederholung
entsteht die
essenz

ansonsten gilt wie immer

gut festhalten
und
viel spaß

prolog
im schnee

battere i denti

parlando piangendo

ich
trau mich nicht hinein

ich
trau mich nicht ans bett

ich
steh im vorzimmer steril
sagen die ärzte sie
lächeln hoffnungstechnisch ein

lächeln
schön wärs

steril
sagen die ärzte dieser körper
verträgt keine keime eine
hautpartikelwüste ist
dieser körper verbrannt auf

stufe drei die
haut verbrannt
auf stufe drei

dort wo die erinnerungen sitzen knapp
unterhalb der epithelschicht in den
zellen wo die erinnerungen träumen ein
ganzes leben lang träumen die dort jetzt
hockt dort festgekrallt tief eingebrannt das
polyesterepithelgemisch dampfend
im fleisch im frisch verbrannten
ausgebrannten und

ich schrei zurück

ein lächeln wieder
kriecht
den ärzten über das gesicht

eins für die mutter eins
für die schwester eins
für den vater bleibt
keins mehr für mich

stattdessen
mundschutz latex
handschuhe ein schutz
anzug wegen der keime ein

kratzen auf der haut das
sind die keime drin im latexhandschuh den
ich mir überstreife damit
die offenen wunden nicht
überrannt jetzt werden damit der
angesengte körper hier
des vaters des überarbeiteten
keimfrei bleibt

will nichts sagen will
nicht hier stehen jetzt in
einem schutzanzug mundschutz hinter dem
die lippen zittern beben und

ich schrei zurück

aber

verfang mich nur im
mundschutz

verbrannt
auf stufe drei

eine zu viel sagen
die ärzte

drei zu viel
sag ich

tief drin
wo früher einmal
zellen waren sind jetzt
t-shirt-reste nur mehr noch
festgebrannte die
entfernt werden aber
natürlich nicht
sagen die ärzte
natürlich nicht
an einem tag das
dauert wochen monate so
liegt er da der vater dampfend
eingehüllt frisch eingepackt
sleep auf stufe drei

ich schrei zurück

seh meine schwester jetzt die
eine tränenpiroutte dreht von
einer wand zur andern von
meiner hand zur andern die
traut sich nicht hinein

ich schrei zurück

daneben tief in einen schutzanzug
vergraben die mutter
die steht noch auch wenn
der körper bebt

fest hält sie sich am
schutzanzug zerbricht
hinter dem mundschutz

schließlich lächelt sie
verzweifelt was auch sonst
ich versuche das jetzt auch
verzweifelt lächeln aber
der mundschutz ist
im weg

ich
trau mich nicht hinein

ich
trau mich nicht ans bett

wunden
auf stufe drei

jede zerstörung
hat ihren wert

der kopf
doppelt so groß
vom wasser das

der ausgebrannte organismus
durch den ausgebrannten körper schießt weiß
nicht wohin der organismus mit dem
vielen wasser weiß
die welt auch nicht mehr wohin
mit all dem wasser weiß
die natur auch nicht mehr wohin
mit all dem wasser weiß
die natur auch nicht mehr wohin mit sich
heutzutage

ein lächeln wieder eine
hand die nach der meinen sucht

ich schrei zurück

will nicht mehr sprechen will
überhaupt nie wieder glaub ich sprechen
jeder satz verbrannt auf
stufe drei jede erinnerung verbrannt auf
stufe drei da kann man sprechen was
man will man kreist um
diesen körper jetzt wie diese
ärztin im vorbeigehen die erklärt
wohin soll denn die natur
wenn überall polyesterreste kleben ausgebrannt auf
stufe drei die wundpolkappenränder glänzen
polyesterfarben dieser organismus hier ist
überhitzt pulsiert schwillt an der
bäumt sich nicht mehr auf der
atmet flach seien wir froh
dass er überhaupt noch atmet selbst
wenn ihm die maschine das befiehlt

sagt die ärztin und
überprüft einen schlauch

ahnungslos schießt das wasser
überfordert von polyesterresten giftigen
aus dem arbeitshemd schwer
verwirrt durch angesengte kapillaren drin
im väterlichen sediment liegen alle
leitungen offen ahnungslos fließt es durch den
überforderten organismus der
zumindest jetzt heute hier noch
funktioniert weil
die maschine das befiehlt der
brustkorb hebt sich senkt sich weil
die maschine das befiehlt luft wird
gepumpt in einen körper der von sich aus
nicht mehr atmen wollte

ich schrei zurück

ein anderer ein pflegehelfer jetzt
neben mir erklärt die

flammen loderten auf
wangenhöhe der hals offen lack
wirft schwarzen dichten dunklen rauch die haut
verschwunden was
fragt er sich ist denn ein körper
ohne haut noch außer fleisch offenes den
keimen ausgesetzt was
geht das fleisch uns eigentlich
in dem wir stecken wirklich an wir
bemerken es erst
wenn es blutet oder brennt

ich schrei zurück ich
will mich halten
hab aber nur meinen
anzug latex
handschuhe
einen mund
schutz

ich
trau mich nicht hinein

spür wie der boden zittert
seh die tür

kurz geht die auf ein
spalt die
erinnerung ein
riss wunden auf
stufe drei steh
im garten erst im haus dann in
der einfahrt zwischen
den bäumen im lärm der
schleifmaschinen eine
fräse eine säge eine überlandstraße züge
weiter hinten eine treppe in
den keller und

ich trau mich nicht hinein

trau mich nicht zu
den maschinen holzstaub fußabdrücke wunden
auf stufe drei trau
mich nicht ins

haus trau
mich nicht zurück hab
alles dort
schon längst
vergessen kann nur

mehr weitergehen nie
wieder mehr
zurück trau mich
nicht zurück
geh weiter geh
im kreis spür
wie der boden zittert

hör die straße hör
die hochspannungsleitung rauschen hör
wie einer vorbeigeht schreit im
lärm der schleifmaschinen schritte
jetzt sind das
die meinen die
abdrücke im staub schritte

die ein leben lang vor sich selbst
herlaufen man
kann ja denk ich mir seinen
eigenen schritten doch immer nur
am ende hinterher man
merkts nur nicht man
denkt man setzt einen dann
den andern stattdessen ist der erste immer schon
gesetzt der andere kann nur noch folgen man
kann ja schlecht vom ersten schritt einfach
weg wieder gehen man muss

halt denk ich mir ein leben lang den
schritten folgen

luft pumpt die maschine in die frei
liegenden lungen hier vom vater der
sich verrannt hat auf dem weg
zu sich selbst schritt
für schritt aber gut wem
passiert das nicht dass
man einmal vom weg abkommt wer
immer nur auf sich selbst
zu rennt der muss sich ja
verlaufen irgendwann zu sich
selbst hingehen wer
schafft das schon bei sich selbst
ankommen lernen zu leben wem
gelingt das schon wir
gehen nur auf uns zu um uns
heillos zu verlaufen schritt
für schritt folgen wir
uns selbst beim verlaufen so
steht er da im keller ein
feuerzeug ein hemd
ein flackern eine hand die
das feuer bringt ein
schritt kann nicht
einfach woanders hin der
muss den andern leider
folgen das hemd spannt lack
wirft schwarzen dichten dunklen rauch polyester
fünfundsechzig baumwolle fünfunddreißig
es klickt
eine falsche erinnerung ich

war da nicht dabei wie
hat er die flammen ausgeschlagen hat
er sich auf den boden hat
er geschrien hat er ganz
ruhig die flammen wachsen wandern schlagen sehen hatte
er mehr angst vor sich selbst als vor
dem feuer hat er
sich selbst gesehen flammen
auf wangenhöhe lack
wirft schwarzen dichten dunklen rauch
dieser organismus
überhitzt überarbeitet
der nicht mehr wusste wohin
mit sich selbst als er sich selbst
das feuer gab hatte er angst ich weiß
das alles nicht ich
darf das alles nicht mal
fragen diese fragen sind tabu

ein summen das ist
jetzt die lunge ein piepen das
ist jetzt die niere kabel und
schläuche prometheus
ans bett gefesselt das
ist jetzt der vater

ich schrei zurück

die mutter die jetzt sagt sie
geht da nicht hinein

ich
auch nicht

ich
trau mich nicht hinein

und alle blicke fliegen hoch nur
meiner nicht der führt zurück der
geht zurück dem
geh ich nach raus
aus der verbrennungsintensivstation raus
aus der luftbepumpten zukünftigen schreckerinnerung die
ich mir jetzt noch aufhebe die
ich noch nicht zulassen will es
mögen zwanzig ärzte mir im
chor erklären dass das leben
diesen körper nahezu verlassen hat ich
nehm den türgriff hier verlässt niemand irgendwas
bis wieder lebt was zu leben hat

tanz eine tränenpirouette mit der
schwester von einer wand zur andern von
meiner hand zur andern ich will
was sagen aber
verfang mich nur im mundschutz ich
reiß den dreck mir ab es
bebt das krankenhaus der
boden zittert bebt vibriert

schneit es oder ascht es
denk ich beim rausgehen
mit dem türgriff in
der hosentasche wenns sein muss
geh ich den ganzen weg zurück geh zum bahnhof geh
den weg aller güter hör schon
das donnern mit dem türgriff in der tasche geh

entlang vom gleisbett geh
bis die welt mir wieder folgt nicht umgekehrt

und endlich dann schießt einer vorbei löst
mich ab sollen andere
jetzt weitersprechen ich mag nicht mehr hab
nichts zu sagen geh weiter im
kreis herum auf mich selbst hin schau
den zügen zu die vorüberdonnern
weil die maschine es befiehlt

tobend kreischend

container für container

endlos

im ewigen ice
der spätmoderne

I
agghiacciato tremar
tra nevi algenti

eins

solo
der kondukteur erhebt die stimme

lontano

DER KONDUKTEUR

so guten abend meine damen und herren und
herzlich willkommen hier in meinem namen auch
vor allem aber im namen hier
der bahn im ice zweihundertneunundneunzig
hier von hamburg nach hannover oder doch
von linz nach dinslaken moment
wo sind wir eigentlich gerade
aufgrund der wetterumstände heutzutage ist das ja
beim rausschauen nicht immer automatisch klar
wo wann und vor allen dingen wer wir sind
wir sind momentan zumindest so viel lässt sich
empirisch kaum noch widerlegen unterwegs verspätet
selbstverständlich immer hinkt der
mensch der zeit nur hinterher das
ist natürlich bei der bundesbahn nicht anders
unsere verspätung ist wie immer existenziell
wir sprechen momentan nur von
ein paar zerquetschten
momentan von achtzig vielleicht
von neunzig plus minus fünf
minuten sie werden wie das üblich ist
natürlich informiert verkünden kann ich ihnen
allerdings schon jetzt
da wartet keiner mehr auf uns
weder in bregenz noch

in köln oder in gumpoldskirchen weder
in obersdorf auch nicht in lyon und
schon gar nicht in ohrdruf in
ganz europa so viel sei verraten wartet
kein mensch mehr auf den anderen wer
sich im leben einmal verspätet hat den
so sagt man frisst das selbige so
wartet auf uns keiner mehr weder in
bilbao noch in röszke schon gar nicht
in röszke kein mensch wartet
heute noch auf den anderen

knistern rauschen kabinenfunk aus
der kondukteur jetzt flüsternd

wissen sie was ich mich oft frage hier
als bahnbediensteter als
alltäglich verbeamteter beobachter ich
frage mich andauernd ob
wir einander eigentlich
hier hören ich sprech in dieses mikrofon und
frage mich hören sie meine stimme eigentlich
hören sie mich hier als stimme eigentlich oder
nur die ansage bin ich als stimme hier
nur ansage oder doch schon mensch

dann donnert ein zug vorbei

zwei

die mitteleuropäische erschöpfung im ewigen ice

accentato

MARIANNE

hallo ja was soll ich sagen wir
sind hier immer noch spät dran na
sicherlich verspätet was
glaubst alles andere hätt mich
auch gewundert plant
man ja heute immer die verspätung
immer schon mit ein so sehr
hat sich schon alles längst beschleunigt
dass man eigentlich nur mehr
zu spät eigentlich noch
kommen kann verstehst du sag
mal hörst du mich verspätet sag ich
ja aber zumindest komm ich überhaupt
ich meine überhaupt noch an hörst du
na sicherlich sehen wir uns
heute noch wie ausgemacht ich bin
ja unterwegs ich muss halt morgen
recht früh wieder weiter der
kalender weißt schon das wird schön
heute kurz ja ich mich auch freuen
tu ich sag ich mich auch hörst du

DORIS

schön ist die welt erst dort wo sie
als bild nur kurz vorüberschießt denk
ich mir immer oder fred

FRED

kann sein

DORIS

es sprechen immer alle von der
schönen beschaulichkeit der welt aber
wenn man genau hinschaut ist
an dieser welt überhaupt nichts
beschaulich nicht wahr
fred

FRED

ja kann sein beschaulich ist
die welt meistens wenn
man sich vorstellt wie sie ausschauen
könnte

MARIANNE

ich freu mich verstehst du ja
nein dass wir überhaupt uns heut
noch sehen hörst du

DORIS

der genaue blick ist überhaupt
kein beschaulicher man will
nicht wahr fred manchmal
gar nicht zu genau
hinschauen man ist froh dass
man nur einen kurzen
eindruck erhält wenn man
hinausschaut
und sich den rest
zusammenfantasieren kann

MARIANNE

ja das glaub ich müde
bin ich auch komplett erschlagen war
ja jetzt auch die letzten wochen
eigentlich nur mehr noch
unterwegs von einem meeting
hin zum nächsten hab irgendwann
die städte dann schon miteinander
ausgetauscht hab in der einen
stadt nach hotels aus der anderen
gesucht hallo hast du müde hab ich
gesagt und immer unterwegs

DORIS

oder fred schau einmal draußen rauscht da
vorbei eine autobahn man starrt
in die autos hinein die gesichter
hinter dem steuer die
ein echtes leben haben das uns
ganz kurz erschreckt wie real
dieses leben ist im kombi auf der
benachbarten spur und
schon ist es wieder weg oder
da eine wiese und schon wieder weg schön
ist die welt wenn sie als bild einfach
nur kurz vorüberschießt

SONJA

auf dem bahnhof hast du dir gedacht ob

MARTIN

ob das jetzt nicht der perfekte zeitpunkt wär

SONJA

ob das jetzt nicht also der
perfekte zeitpunkt

MARTIN

ob das jetzt nicht der perfekte
zeitpunkt wär

SONJA

bahnhöfe haben ja so was

MARTIN

so was romantisches

SONJA

so was wahnsinnig hektisches wenn
du da einfach gegangen wärst weg
einfach so dann wär der da im zug
gesessen und es wär vielleicht
wär vielleicht gar nicht
aufgefallen

MARTIN

und also hast du ihre hand

SONJA

aber stattdessen hat der da einfach
nach der hand

MARTIN

hast sie genommen und gedrückt und
dass du jetzt dich entschieden hast

SONJA
was macht man denn wenn der
die familie also verlassen
will

MARTIN
weil abwechslung nun einmal diversität
auch quasi dem fortschritt also evolutionär
jetzt und so

SONJA
und man will das gar
nicht

MARTIN
weil das war
schon
für mich also schon
mehr

SONJA
also dass der
die familie

MARTIN
also schon mehr
ja hier für mich und
für dich oder

SONJA
also dass der die
also was macht man denn da

MARTIN

also das hab ich
bemerkt

SONJA

na ich hab nichts
gemerkt gar
nichts und starr den
an was macht man da

MARTIN

da war doch war
da was oder
war doch mehr

SONJA

ogott was
macht man da ich
hab halt

MARTIN

verliebt geschaut

SONJA

schockstarr ihn angestarrt

DORIS

stumm rauscht sie vorüber die
landschaft draußen stumm und tut so
als ginge sie uns irgendetwas an dabei
ist der landschaft egal wer an ihr
vorüberrauscht wir tun immer so als
wäre die landschaft für uns da als

liege die da ganz beschaulich für
uns da aber die ist gar nicht beschaulich die
hat einen pilz und krebs diese
landschaft die wuchert und man will oder fred
gar nicht genau hinschauen sondern
sich mit dem bunten vorübertreiben der bilder
begnügen fred oder

MARIANNE
hallo ja tschuldige irgendwie
spinnt hier andauernd
sag ich dir das netz nein war
nichts wichtiges außerdem weiß nicht
ich glaub ich muss hier kurz mal
wart ich steh mal kurz hier
wegen den nachbarn weißt schon
nein ich steh auf hab ich gesagt

DORIS
fred sag mal ich red
mit dir sag ich

FRED
ja und ich hör zu die
ohren stehen ja bekanntlich den
ganzen tag lang offen die
können gar nicht anders

DORIS
die lauschen dem bunten vorübertreiben der
stimmen wie die augen dem rasenden
vorübertreiben der welt zuschauen

FRED

nur kann man die augen wenigstens
noch zumachen wenn man genug vom tag
gesehen hat und sich die beschaulichkeit
der welt hinter den verschlossenen lidern
wieder vorstellen die
ohren hingegen stehen vierundzwanzig
stunden offen

DORIS

aber wie gesagt das schöne an der welt fred ist
doch nicht die stille beschaulichkeit sondern
das rasende vorübertreiben
der stillen landschaften wie
hässlich erscheint die welt sieht man sie
sich einmal im stillstand an nein
fred bewegung
tut nicht nur den
menschen gut sondern auch
der welt

FRED

und die stille auch die
stille die
tut nicht nur der landschaft gut
die draußen stumm vorüberschießt nein
auch dem menschen tut die gut

MARIANNE

ich glaub ich hab die drin
die nachbarn weißt schon nur mehr
noch nein weil du immer anrufst der
empfang reißt ab du rufst zurück ich
schrei hinein

MARTIN

also eine diversität und
eine abwechslung jetzt quasi
evolutionär

SONJA

komm mir bitte nicht mit
deinem erbgut hab
ich mir nur gedacht

MARIANNE

unhöflich sag ich weißt du ich
glaube immer leute die im zug telefonieren die
tun das nur um anderen zu beweisen dass
sie nicht alleine sind obwohl
ihnen eh keiner unterstellt dass sie
alleine sind beim rausschauen aus dem
ice wird man immer einsam

MARTIN

also quasi darwin
win

SONJA

hat der tatsächlich
gesagt

MARTIN

für beide weißt du

SONJA

und ich steh da mit
meiner schockstarren hand

im handfortsatz vom martin drin
im schweißnassen und der sagt
der rest vom martin ja der
rest von der hand der
schweißnassen der
sagt was von der
evolution

MARTIN

für alle beteiligten ist
eine veränderung im
leben eigentlich das
beste denk ich mir oder
nicht darwin
win

SONJA

und seither sitzt der da
und du daneben auf dem heimweg wo
eigentlich nur ein
termin war ein
geschäftlicher da ist dir jetzt eine
verpflichtung geschlüpft ja
eine soziale eine
existenzielle eine
angstschweißnasse

MARIANNE

man teilt sich da
ja mit irgendwelchen unbekannten mit denen man
also ich will ja denk ich mir im
echten leben außerhalb vom ice mit denen
will ich ja gar nichts zu tun um himmels
also willen

FRED

endlich ich glaub
wir fahren ein

MARIANNE

man hat sich halt einfach dran gewöhnt
dass einem heute niemand mehr verdächtig ist

SONJA

aja schau an der
bahnhof oder ganz schön flott
fährt der hier ein nicht wahr da
sollte man schon
schnell hoch wegen dem gepäck

MARIANNE

aber egal weil ich glaub
moment wir
fahren ein

SONJA

ich brauch die wieder hier die
hand die brauch ich
bitte danke

MARTIN

ich helf dir moment
mit dem

SONJA

ich glaub das geht schon
danke wirklich das
also schau
der bahnhof

DORIS
da rauscht er vorbei

MARIANNE
du moment also wir
also fahren da jetzt
also ja durch einfach
durch den bahnhof

SONJA
warum sind wir da jetzt dran
grad vorbei

MARTIN
ja was weiß ich denn
vielleicht hält der nur
bahnhof süd

MARIANNE
hallo du moment wart mal kurz
das ist jetzt hier
seltsam nein wir
sind durchgefahren

MARTIN
vielleicht versucht der die
verspätung wieder
reinzuholen

SONJA
indem er einfach einen bahnhof
überspringt den
unseren oder was

MARIANNE

nein durchgefahren
einfach so

DORIS

das ist jetzt allerdings
bedenklich oder
fred was sitzt du da denn
jetzt noch so herum mach
was such
einen schaffner schrei
was weiß ich was
soll das denn

MARIANNE

nein durchsage kam keine also
ich weiß jetzt auch nicht
was das soll wir sind einfach
durchgefahren

MARTIN

vielleicht hat der lokführer
etwas übersehen oder weiß
auch nicht kaffee
überm armaturenbrett

SONJA

welches system bitte beschleunigt
denn nach einem fehler einem
missgeschick da gibts doch eine
vollbremsung normalerweise wenn
man einen fehler macht kein
system beschleunigt einfach so nach
einem fehler oder einem missgeschick

MARIANNE

na wir sind fix durch der
wird auch immer schneller jetzt so viel
ist sicher bleib bitte kurz
ich mein hier dran hallo
hörst du mich jetzt
flackert hier das licht
hallo in der
kabine

FRED

wahrscheinlich eine
falsche weiche

DORIS

wahrscheinlich ist das nicht

FRED

wieso denn nicht wenns
eine unerwartete war
diese weiche

DORIS

das ist ja digital da
gibt es keine unerwarteten
mehr keine
weichen heutzutage liegen
keine weichen mehr
unerwartet in
der landschaft und auf bahnhöfen
schon gar nicht heute
passiert doch
nichts mehr unerwartet

MARIANNE

na wovon auszugehen ist das
weiß ich nicht wer
weiß das heute schon jetzt
hier wir rasen weiter draußen
da ist auf jeden fall glaub ich
ein wald und alle haben hier jetzt
ihre displays an
na glaubst du soll ich mal
soll ich mal was rufen ja

MARTIN

na bei einem herz
infarkt hab ich gelesen bremsen die
automatisch

MARIANNE

na glaubst du ein terror
glaub ich ist das keiner wer würd
denn bitte einen zug entführen

DORIS

und wenns ein suizidlokführer ist

FRED

ich würds verstehen

MARTIN

also ein
hirninfarkt wie das
mit dem hirn ist wenn
das stehenbleibt das weiß
ich nicht ob die

dann bremsen die da auch
automatisch wenn das hirn
stehenbleibt das weiß ich leider
wirklich nicht

MARIANNE
na wieso terror ich
hör ja keine schüsse oder
hier explosionen oder was sonst
zum terror noch gehört außerdem
wer würd denn einen zug entführen na glaubst du
soll ich mal
soll ich mal was rufen ja
sind alle hier in ordnung na
ich hab jetzt halt gerufen

MARTIN
ja danke

DORIS
und jetzt schon wieder einer der
nächste bahnhof zieht einfach
neben uns vorbei was
machen wir denn wenn der
so schnell in einer kurve
also fred

FRED
vielleicht ist der ja wirklich suizidär oder
wie man da sagt ein
geschlossen ich würds verstehen

DORIS
aber bitte

FRED

warum der sitzt da drin und
sieht vor sich die landschaft die
gleise die schienen sein
leben sein komplett falsch gefahrenes schaut
ihn aus den gleisen heraus
an die da an ihm vorüberziehen
wer weiß womöglich wartet der
nur auf die nächste kurve in
die er viel zu schnell hineinschießt
der weiß hinten drin sitzen
welche das erhöht den
knalleffekt

MARIANNE

vielleicht ruf du doch
einmal hier bei der auskunft an sag
unser ice ist durchgefahren und
die passagiere haben halt
panik sag ist ja klar
musst du nicht dazu sagen stimmt schon sag
einfach die sollen den anhalten

FRED

ich versteh natürlich hier
die unruhe aber ich glaub das
hat schon alles seinen
grund

SONJA

na bestimmt aber
welchen

FRED
ja muss es ja ich meine
einen grund muss das ja haben

MARIANNE
na wollen wir mal hoffen keinen
oder terroristischen oder
weiß auch nicht sonst einen
grund hat der jetzt eher scheiße wär

knistern flackern das licht geht aus
man sieht nur draußen jetzt die nacht vorüberrauschen und ein paar gestalten im dunkeln die auch nicht so recht wissen was genau passiert aber es hat schon sicher alles seinen grund nicht wahr

SONJA
mir reichts die
notbremse wo ist die denn

MARIANNE
na jetzt das war das licht ja
hast du gehört nein
na aber das ist auf jeden fall
hier weg und ich glaub jetzt
eher panik

MARTIN
o.k. einfach jetzt mal
ruhig und
durchatmen

SONJA
ich glaub ich hab sie
die notbremse

FRED

der ist sicher tot

SONJA

o.k. festhalten

rauschen knistern bordmikrofon das licht flackert
lange atmet DER KONDUKTEUR *sehr laut ins bordmikrofon*

DORIS

was ist
bremsen sie

SONJA

ich zieh aber
es reagiert nichts

es passiert wirklich nichts

man hört wie DER KONDUKTEUR *lange ins bordmikro atmet*
dann beginnt er zu singen
er singt »put your head on my shoulder« von paul anka
das licht flackert
das bordmikrofon knistert rauscht reißt ab
dann donnert ein zug vorüber

drei

henan zhengzhou dort wo smogwolken am himmel hängen und lithiumionenakkus durch facharbeiterhände wandern bis irgendwann die facharbeiter wandern

allegro con moto

ein hotelzimmer mit blick auf den bahnhof
straßenbeleuchtung durchs fenster
das bett ist unbenutzt
züge donnern vorbei

SIE dass er sich wieder verspäten werde hat sie befürchtet

DER SCHNEIDER *summt hustet rauch steigt auf*

SIE dass er sich einfach wieder verspäten werde wie sie das ja gewohnt war von ihm wie er sich ja fast verlässlich immer wieder verspätet hatte egal

DER SCHNEIDER er ist aber immer dann doch noch gekommen auch in zhengzhou ost zwanzigtausend menschen alle in bewegung von einer provinz in die nächste

SIE sie hat gewartet hat in den himmel von henan hineingeschaut und sich gefragt ob der himmel ob der überall der gleiche ist weil der müsste das doch oder der himmel muss doch eigentlich überall der gleiche sie hat in den smog hineingeschaut das hupen der autos gehört angerempelt wurde sie am bahnhof in henan zhengzhou ost dem neu errichteten der mit den schnellzügen den neuen den futuristischen den weltweit jetzt endlich fahrenden

DER SCHNEIDER *räuspert sich will etwas sagen hustet rauch* aber immer noch ist er dann doch noch gekommen der immer viel zu spät kommende aber wer pünktlich ist den erschlagen eh meistens die umstände

SIE *lässt ihn zu ende husten es dauert*

DER SCHNEIDER *räuspert sich dann* er stand am fenster den ganzen tag über am fenster hat sich gefreut wusste dass er am abend im zug sitzen wird die fabrik nicht mehr riechen wird die eingeschweißten stoffe nicht mehr und dann werden sie auch irgendwann ein richtiges bett haben nicht nur diese matte

SIE das paradies hat er immer gesagt das paradies erwartet uns die ganze strecke die wir gefahren sind von henan zhengzhou ost nach prato macrolotto

DER SCHNEIDER *hustet rauch*

SIE die bilder auf dem smartphone bilder hier vom mittelmeer blauer himmel sandstrand

DER SCHNEIDER *hustet rauch* in henan hingegen längst der boden ausgetrocknet ausgebrannt und jeden frühling saurer regen die wolken grünblassblaugrau und chemischer natur

SIE sie hat keine sekunde gezögert

DER SCHNEIDER er hat gedacht wenn es nichts ist fährt man einfach wieder zurück dazu sind züge doch da die fahren ja in beide richtungen

SIE warum sollte sie das auch warum den ganzen tag lithiumionenakkus bauen die weltweit reisen während man nachts feinstaub atmet gift während man verschwitzt nebeneinanderliegt ein kratzen auf der haut ausschläge trotz schutzbekleidung

DER SCHNEIDER er hat keine sekunde gezögert diese scheiß

lithiumionenakkus warum nicht lieber ein schneider made in italy

SIE das hatten einige gemacht von henan zhengzhou nach prato italien und irgendwann schickten sie briefe e-mails geld

DER SCHNEIDER früh am morgen wenn der smog noch tief in den straßen liegt ist er los zum bahnhof zhengzhou ost

SIE sie stand da mit den paar taschen im chaos im durcheinander der bahnhof ein prestigebau gerade frisch eröffnet um waren in 17 tagen nach europa zu bringen aber alle nutzen ihre chance dann hat sie ihn gesehen und geschrien dass das jetzt mal wieder typisch ich war schon kurz davor aber gut schön dass du es dann doch noch geschafft hast hat sie gesagt

DER SCHNEIDER und er gleich hier das thema gewechselt das gibts doch nicht dass schon am morgen so viel los ist wo wollen die denn alle hin

SIE weg alle wollen hier nur weg siehst du ja es kommen kaum welche an die meisten steigen zu ich kanns verstehen

SIE eine ganze provinz im aufbruch alle wollen weg fünfzigtausend menschen hier mit taschen wanderarbeiter auf dem weg in die provinzen auf dem weg zu irgendwelchen märkten und so viele familien mit rucksäcken wo wollen die denn alle hin wo kommen die denn alle her die einzigen die ankommen sind investoren die den zerstörten längst totgetrockneten boden mit frischen nachhaltigen methoden länger noch erschöpfen wollen ich schrei hin zu den investoren da findet ihr nichts mehr ihr kommt um das letzte bisschen land zu zerstören und wir gehen dann könnt ihr den boden hier in aller menschenleeren ruhe auseinandernehmen das sediment aufreißen tiefer wühlen bis nichts mehr bleibt bis sich die risse hier im boden auch über den ganzen planeten ausgebreitet haben werden aber das interessiert euch nicht mehr ihr seid dann bekanntlich ja schon lange tot

DER SCHNEIDER er hat sie gefragt was also jetzt der plan was ist denn jetzt hier der plan hat er gesagt

SIE und sie hat noch einmal die drecksinvestoren angeschrien hier in zhengzhou ost das war mal unser boden unser land auf dem wächst schon lange nichts mehr schrei ich hier findet ihr nichts mehr aber das geht im gewühl unter komplett überall nur gleise frisch verlegte die sehnsucht wird hier groß geschrieben ich hab geschrien hol uns einfach zwei tickets

DER SCHNEIDER ja wohin denn

SIE italien

DER SCHNEIDER italien sag ich der schaut mich an aus seiner kabine heraus der glaubt ich spinn tippt irgendwas in den computer rom sagt er nein sag ich moment rom schrei ich sollen wir nach rom

SIE ogott nein wir sind doch keine touristen frag ihn nach prato

DER SCHNEIDER nein sag ich moment was hätten sie denn noch in italien zum beispiel prato der verkäufer wieder schaut mich an sagt wo ist die bewilligung ich schrei bewilligung eu und so weiter ich sag zum verkäufer die investoren haben die eine bewilligung aber es ist mir auch egal ich will nur weg

SIE gib ihm was extra auf den ticketpreis

DER SCHNEIDER gut dann nach prato

SIE nach prato

DER SCHNEIDER der verkäufer hat das geld gezählt zwei tickets dann übergeben auf denen stand prato ankunft in drei wochen

SIE eine alte frau schiebt einen karren mit schrott an mir vorbei der karren ist voll mit elektroschrott ihre haut voller narben falten eingefallen husten tut sie auch warum frag ich mich leben solche menschen woran glauben die woran glauben die dass sie weitermachen wenn sie nur noch im müll hier wühlen im müll den die scheißdrecksinvestoren hier hinterlassen ihr maden schrei ich aber die investoren sitzen schon im taxi downtown

DER SCHNEIDER der ticketmeister schaut mich an ich sag ja hier ein extra kauf dir doch ein neues smartphone oder was weiß ich er lächelt zweimal

SIE der zug überfüllt die taschen irgendwie untergebracht

DER SCHNEIDER kinder schreien taschen stinken suppe wird gegessen ja sogar gekocht zigaretten werden verkauft arbeiter husten der zug füllt sich und entlädt sich man spricht und schweigt und schaut und wartet hofft dass man da endet wo man es erwartet hat

SIE der zug donnert hunderte von kilometern kaum bleibt die zeit hat sie gedacht zu fragen ob das gut jetzt ist

DER SCHNEIDER man fragt nicht nach dem weg solange man unterwegs ist daran denkt man gar nicht dazu reicht die zeit nicht schon gar nicht in dem neugebauten futuristischen schnellzug der von den träumen eines ganzen landes hier berichtet mit seinen hunderten von kilometern in der stunde zweihundert dreihundert vierhundert füllt sich und entlädt sich wieder vorbei donnert der an smogwolken aufsteigerträumen längst vergrabenen investorenalpträumen

SIE entlang des transkasachischen westkorridors

DER SCHNEIDER die wichtigste strecke für high-tech-güter und hinten dran drei container voll mit verrückten aussteigern fliehenden und uns beiden

SIE siebzehn tage dauerte die fahrt

DER SCHNEIDER siebzehn tage quer durch die chinesischen provinzen überall steppe dann nach alashankou weiter richtung kasachstan vorbei an industrieanlagen wäldern und eingestiegen sind dort musiker bauern handelsreisende für stunden nur teilweise

SIE die stunden hat sie irgendwann nicht mal mehr gespürt

es waren tage irgendwann die sie am fenster so verbracht hat draußen was war da atyrau oral samara toljatti russland schließlich irgendwann überall nur land alles voll davon wälder im vorüberrauschen

DER SCHNEIDER nirgendwo schmeckten die zigaretten so gut wie auf dieser fahrt

SIE rjasan moskau smolensk weiter richtung weißrussland was für eine landschaft minsk brest zugestiegen immer wieder sprachlose unbekannte einzelgänger kinderlose laut ins telefon hineinschreiende doppelgänger von anderen die wir ja irgendwann schon einmal doch gesehen hatten oder nicht

DER SCHNEIDER und immer wieder kurz gewartet auf bahnhöfen sie angestarrt die vorübereilenden mit ihren koffern paketen umarmt wurde gehustet wurde weil zu kalt verspätung hatten wir mindestens in summe was eine halbe woche

SIE was war da nochmal dann richtig weiter runter richtung polen warschau łódź katowice ostrava brünn wien graz padua bologna das ging dann vergleichsweise schnell an einem nachmittag war man da durch

DER SCHNEIDER das waren eigentlich keine distanzen mehr am ende nach drei wochen fahrt wollten wir eigentlich nicht mehr raus

SIE der himmel über der kasachischen steppe während eines sturms weißt du noch

DER SCHNEIDER oder der schnee der langsam fiel an einem nachmittag in orscha

SIE eines nachts hagel das trommeln die ganze nacht auf einem bahnsteig in częstochowa

DER SCHNEIDER ein wütender verwirrter zugestiegen unterhalb von wien der irgendwann einfach so ausstieg mitten in italien

SIE und dann in prato auf dem bahnhof regen

DER SCHNEIDER ein wolkenbruch

SIE sie stand da und starrte in den himmel

DER SCHNEIDER er ließ den rucksack fallen stand einfach so da wie lange ein zwei stunden bis der regen vorüber war stand er so da

SIE *steht am fenster schaut hinaus* sie flüsterte drei wochen unterwegs von china henan zhengzhou wo die luft nach lithiumionenakkus riecht nach italien dem lauf der gleise folgend

DER SCHNEIDER *hustet rauch steigt auf*
lichter flackern rauschen knistern das hotelzimmer zittert vibriert bebt von den mauern bröckelt langsam schon der putz ein riss fährt die gesamte wand entlang teilt den raum öffnet sich hin zum boden

dann donnert ein zug vorbei

II
correre e battere li piedi per il freddo

eins

europa im spätherbst wo die
blätter übers gleisbett wehen und
lieder erklingen jenseits vom menschen ein
ausgebrannter chor starrt tief hinein ins gleisbett

poco a poco crescendo
legato

jetzt direkt hier
an mir vorbei
schießt wieder einer ein
elendslanger der
sich ausdehnt
quer über das parkett dem
gleisbett folgend quer
durch die
erinnerung lack
wirft dunklen dichten
schwarzen rauch
tobend tosend donnert
der vorbei quer über den körper
flach atmend quer durch
vierzig tage koma wirbelt auf
schnee eis erinnerungen
schlechte tief drin angefaulte

ich schrei zurück

und gleich der nächste jetzt
schießt vorbei übers sediment schon
zittern oben sie die kiesel reißt

dann ganz langsam wieder auf der boden
tief drin wo der phantomschmerz sitzt vom
fleisch dem eigenen merken
wir nichts solange es
nicht blutet oder brennt

ich schrei zurück

es reisen heute immer um die welt die waren
schreit eine dann von
ganz woanders klettert hoch
auf einen vorüberrasenden steht
oben dann in eine winterjacke eingehüllt
in einen schal rissig die finger die
ihre geige stimmen sie schreit es reisen
heute immer um die welt die waren reißen
auf das sediment die kiesel springen sie
streckt aus die arme in
den fahrtwind schreit aber so
haben wirs gelernt wir
schreiten fort egal was kommt wir
steigen drauf
und wird schon zack
hinweggefegt vom fahrtwind

einer stemmt sich hoch zupft lose harfensaiten
hebt die stimme gegen
die vorüberdonnernden schreit
jagt hinweg sie
übers gleisbett all lasst
sie donnern toben weltweit lasst sie
fahren aber wir wollen mit

und eine hintennach
geklettert die haare fettig
weiß die augen blau das gesicht
spröde die lippen weil
zu lange in der kälte verrostet längst ihre
trompete stimmt mit ein zusammen
schreien sie
es reisen heute immer um die welt die
waren und
der mensch schaut zu schaut
durch die finger zu wie
sie wandern von
einem finger zum nächsten von
meiner hand zur andern

und eine andere die mindestens genauso zittert
stimmt mit ein sagt
der mensch schaut und steht da
der wartet denkt sich
wann sie jetzt kommt die neue zeit die
längst hier schon
versprochen wurde aber nur
die produkte toben
durch die welt der mensch hingegen
überhitzt und unterkühlt
gleichzeitig steht er da
neben der spur quer
durch die landschaft ziehen sich die
gleise der mensch
der wartet schaut steht atmet
frost fragt sich
was danach kommt

ob da noch einer kommt
ein mensch
übers gleisbett
fragt dann ein anderer und bläst
in eine tuba die er
von weither mitgebracht die
ihn seit langem schon begleitet die
längst zerschossen ist stricknadeln
stecken in den einschusslöchern kein
ton entweicht mehr dieser
tuba

er bläst
es krächzt

der mensch steht da und schaut und wartet ob
da noch ein anderer kommt
sagt eine dann in einem mantel frierend die
finger in den taschen an
ihre drumsticks klammernd sagt
der sitzt da so schlecht aufgetaut und
wartet auf
viel zu langen bahnsteigen in
unterkühlten wartehallen
neben plakaten von sich selbst
und seiner welt da sitzt er da und wartet worauf
wartet der eigentlich ein leben lang

und einer schon ganz
unruhig hinter seinem
cello kommt hervor schreit
kommt da jetzt noch einer übers
gleisbett wo drin

liegen erinnerungen tief
gefroren in
den gleisen drin im schnee bilder
noch vom menschen festgepresst vom
drüberfahren liegen sie drin tief
gekühlt warten bis sie wieder tauen dürfen
am ende wieder im
kreis gelaufen
ein leben lang

eine andere wieder mit der
geige darauf kaum noch saiten löchrig außerdem sie
zupft drauf rum vertreibt die kälte
kommt dazu schaut auch und
fragt sich ob
das böse jetzt vom
menschen ob das von der
natur her
in den menschen reingekrochen oder
ob das böse immer schon drin
im menschen war

dann wärs ja auch natur
sagt dann der neben ihr

darauf sie dann ganz müde schon ganz
ausgezehrt vom rumfahren ja
aber ist dann das böse das
der mensch der welt oder
sich selbst
antut ist das dann jetzt
ein fehler der
natur oder der plan dass

der mensch am ende selbst
sich wieder austreibt abschafft
aus der natur hinausbefördert ist
deshalb dann
das böse drin im menschen der natur nach
längst geplant angelegt auf
lange hand das ende dann
vom weg den der mensch geht
auf sich selber hin das
was er zu sein war der
mensch oder ist er der
mensch ja nur ein fehler
der natur

scheißnatur
flüstert eine der wartenden
jetzt fröstelnd
rein ins gleisbett flüstert
scheißnatur
die da tief
gekühlt drin bei
den erinnerungen drin
scheißnatur

mir egal sagt der in der daunenjacke reibt
sich schon gleich die hände ob
das böse der natur vom menschen her
oder zum menschen hin geht am ende
liegt er drin da der
umweltunverträgliche der
fehler der natur liegt drin als
versteinerte naturgesetzlichkeit eintausend jahre
natürliche ökonomie die

am ende ins sediment gepresst
zehn zentimeter voll mit
güter waffen schreien sondermüll die
knochen drin daneben zehn zentimeter
menschliche naturgesetzlichkeit der
mensch am ende zehn zentimeter zwischen
bierflaschen gummikondomen und kredit
karten ausgebrannten hoffnungen worauf
hat der ein leben lang gewartet
der mensch die scheißnatur

der mensch der fehler der natur
die andere jetzt wieder mit der geige
weil niemand weiß wer
oder was natur denn sein soll wo
oder wie die endet mit dem menschen endet die
fragt sie jetzt flüsternd
endet die natur endlich mit
dem menschen ist der mensch ziel
der natur auslöschung ihrer selbst durch
zehn finger zündet die sich selbst an die
natur durch den menschen brauchts
den menschen dann am ende als werkzeug
der natur gegen die natur

jetzt wieder kreischen schreien beben es
donnert wieder einer vorbei ich
hör die nicht mehr reden seh
nur vorübereilen hier jetzt eine
welt die niemand mehr versteht die
sich bewegt die eiert aber
keiner weiß wohin die eiert
schau nur noch rein ins

gleisbett und
das gleisbett schaut zurück die
haut verbrannt
auf stufe drei es
blitzen lichter die
maschine wackelt strom
fährt ihm durch den körper vielleicht
holt der strom ihn wieder das
gleisbett knistert rauscht zittert vibriert
von der maschine angetrieben
die ihn atmen lässt von
der maschine angetrieben die
den brustkorb hebt und senkt und hebt und senkt beim
ausatmen wirbelt der auf
eis schnee geschichten die
ich zur beruhigung hier dann doch
erzähle lüge schwafle rede um abzulenken
mich von mir ihn von sich wir
uns voneinander

und eine dann an mir vorüber
humpelnd flüsternd wieder um
die welt nicht aufzuschrecken mit
totgefrorenen lippen knochen gebrochenen
längst bewegungslos die
finger kalter hauch wo vorher atem war
flüstert sie

draußen die verbrannten drinnen
die ausgebrannten

zwei

ein zug nachts mit höchstgeschwindigkeit in der mitteleuropäischen pampa einige passagiere finden das jetzt gar nicht mehr lustig das ökonomische treiben ist allerdings auch führerlos spaß haben trotzdem alle dran

burlesco
con ebollizione

MARIANNE

hallo nein wir fahren
immer noch hallo
hörst du mich jetzt wieder
hörst du mich bitte
ich hör hier nur noch fetzen
jetzt von dir irgend
welche fetzen von
einer stimme kommen da
bei mir nur mehr noch an hörst du
wir rasen immer noch schrei
ich den fetzen zu und aber
das hilft ja nichts die
fetzen wehen in der
leitung die im fahrtwind
ganz schön zittert ich hör
nur schrei ich
fetzen von deiner stimme hier
in der leitung hörst du fetzen

MARTIN

vorschlagen würde ich dass
wir alle uns jetzt erst einmal

beruhigen wieder bitte einfach nur
beruhigen

MARIANNE
um was zu tun

MARTIN
für einen überblick
zum beispiel wir versuchen
einfach durchzuatmen und
zu überlegen für den überblick

MARIANNE
mein überblick sagt mir
das wird nichts mit der ruhe das
gleisbett zittert und
vibriert der zug
beschleunigt richtungslos man
kann sich zwar
andauernd eine ruhe einreden wir
wissen nur jetzt schon dass
der aufprall kommen wird deshalb
ist das mit der ruhe nicht ganz so
einfach aber ja von mir aus ich
versuchs ich atme jetzt
tief ein ja

DORIS
vielleicht kommt doch noch was
von einem offiziellen

MARIANNE
was soll denn da
jetzt kommen

DORIS

na eine durchsage
zum beispiel

MARIANNE

und was soll die
durchsagen guten abend
wir versuchen die
einzuholen wieder die
verspätung deshalb halten wir
gar nicht mehr wir
rasen jetzt quasi nur mehr
noch einer verspätung hinterher
die uneinholbar geworden ist längst
oder was

DORIS

vielleicht versucht der
wirklich eine
verspätung wieder
reinzufahren und verspätet
sich dabei andauernd
auf ein neues weil der sich
immer wieder überholt

MARTIN

ach bitte wie
gesagt wir
versuchen eine
ruhe hier
zu etablieren

DORIS

verspätet der sich auf ein

neues mit einer jeden
überholung von sich selbst mit
einer jeden
beschleunigung fällt der
nur weiter hinter sich
zurück und dreht am ende dann
um endlich sich
zuvorzukommen
leer durch im stand dreht
leer durch der
zug das fuhrwerk das
getriebe die räder alles
pumpt öl spritzt funken schlagen gleise
kreischen aber
nichts passiert wir
bewegen uns nur ein paar
millimeter wir humpeln
und das auch nur
zufällig weil der
wind gerade sitzt vielleicht
steht der
vor lauter beschleunigung
die ganze zeit einfach schon still

währenddessen haben FRED *und* SONJA *den restlichen zug erkundet die toiletten das bistro die kabinen den gesamten ice aber wohl nichts gefunden sie wischen halt jetzt wie blöd vor dem sensor der automatischen türe herum aber die geht einfach nicht auf das gibts doch nicht*

MARTIN *sieht sie und versucht gleich zu helfen*
aja moment da
muss man jetzt mit
der bloßen hand

die aufschieben die
tür die automatische
moment

FRED
der ganze zug
menschenleer ich hab
wirklich alles hier
überprüft da ist niemand
hier niemand und nichts

SONJA
in den kabinen niemand im
bistro auch keiner in den
toiletten niemand der
zug rast atemlos
durch die nacht

MARTIN
gut ich nehm an wir
finden was eine
lösung sicherlich

SONJA
ach bitte

MARTIN
bitte was

MARIANNE
das geht doch nicht hier
muss doch irgendwer wir
verschwinden doch nicht

einfach so ein so ein zug der
durch die landschaft fährt der
muss doch irgendwem ein so ein
zug der nicht tut wie vorgesehen
fällt doch auf

DORIS
von wegen landschaft der
natur ist so
ein system so ein
leer durchdrehendes das
durch sie durchdonnert doch
komplett egal oder nicht

SONJA
vielleicht ist das
die hölle und
wir sind längst tot habens
nicht gemerkt

MARTIN
für die hölle ist es
viel zu kalt

FRED
weil die heizung nicht mehr
läuft die elektronik
spinnt die
glastüren muss man manuell
aufschieben

MARIANNE
vielleicht wenn wir irgendwen

erreichen vielleicht wir müssen einfach
irgendwen erreichen

SONJA
ich krieg kein netz

MARTIN
ich auch nicht

MARIANNE
ich probiers einfach weiter irgendwas
muss ja durchkommen

SONJA
wir liegen wahrscheinlich
einfach irgendwo vielleicht in
einem auto aus
blutend blinzelnd noch auf einer
straße das bewusstsein zuckt
noch kurz rasend still
keuchend zitternd der
ganze organismus bebend
ausgebrannt

MARTIN *will sie umarmen*
also jetzt komm mal wir
haben alle stress ja und
viel zu tun

SONJA *zuckt zurück*
woher weiß ich
vielleicht ich mein ich bilde
mir das alles einfach nur

ein das kann doch alles gar
nicht das kann gar nicht

MARTIN
also komm beruhigen

SONJA
nein bitte nicht

MARTIN
jetzt kurz
beruhigen

SONJA
die angstschweißnasse bitte
steck die weg

DORIS
fred ich weiß doch noch wir
sind doch eingestiegen das
kann doch
keine einbildung oder
sein dass wir leer
durchdrehen jetzt im zug

FRED
ja

DORIS
wir waren doch
gestern abend noch
bei der ines

FRED
bei unserer tochter
ja ich hab gebucht ihr
habt gestritten

DORIS
ich streite nicht ich
diskutiere

FRED
du hast mit deiner
tochter herumgestritten das
hast du gemacht während
ich gebucht habe
während ich gebucht habe nachdem
ich gebucht habe auf
dem weg zum bahnhof bevor du
in den zug gestiegen bist habt
ihr euch allerhand vorgeworfen

DORIS
gesagt hab ich nur was
ich denke was
für gewöhnlich stimmt zumindest
denk ich mir das

FRED
gesagt hast du nichts den
kopf geschüttelt hast du und

MARTIN *kommt unerbittlich näher*
also jetzt aber lass
doch einfach kurz mal atmen

SONJA *geht eher weg*
bitte von mir weg mit
deinem atem

MARTIN *und näher*
komm

SONJA *stößt ihn weg er stolpert und geht zu boden*
bitte danke weg männer
in der krise glauben immer
sie müssen irgendwen
beruhigen um sich selbst
zu beruhigen mir
gehts gut so gut wie es
geht in einem zug der
leer durchdreht und durch eine
ja was eigentlich durchfährt

MARIANNE
hallo hörst du mich bitte
das kann doch nicht sein nur schnee
und eis da draußen die ganze zeit
lang schon steh ich so da
und schrei die fetzen
in der leitung an stell mir
vor wie da irgendetwas durchkommt aber
keiner hört uns stell
fest der akku ist längst
leer beim hochschauen
seh ich da draußen ist
nur schnee eis und
sonst nichts gar
nichts die welt friert zu

können hier jetzt bitte
alle mal zur ruhe kommen
geht das bitte

SONJA
ja ich bin nicht die
ganze zeit am telefonieren

MARIANNE
bitte was

SONJA
sag ja nur ruhe
oder

MARTIN *am boden*
ja einfach nur alle mal
ruhe bitte

MARIANNE
ja ich bin ruhig ich
schrei hier nicht andauernd nur
herum

DORIS
die hat ihr leben einfach
nicht im griff die ist
komplett überfordert

FRED
genau andauernd sie
hat ihr leben nicht
im griff andauernd die

hat ihre kinder nicht
im griff andauernd die
hat sich selbst einfach nicht
im griff und ich sitz da
vorm rechner buch
hör mir alles an denk
mir für was und wen
buch ich hier
eigentlich für welches leben
in dem ich auch irgendwie noch
drinhäng aber

DORIS

was stehen die da alle
jetzt am fenster was
ist da draußen

MARIANNE

nichts rein
gar nichts nur
schnee eis hin und wieder wo
ein baum der da steht in der
kälte nichts
ist da draußen überhaupt nichts

DORIS

was hat die denn

FRED

du bist die einzige die
nichts mehr im griff
längst hat

DORIS
ach bitte

MARTIN *am boden*
einfach einmal eine
ruhe einmal nicht die
ganze zeit diese gedanken die
andauernd sich beim wälzen
ändern

SONJA
ach bitte spars dir

MARTIN
mehr will ja hier keiner
außer zu wissen wie
man diese gedanken einmal
mit sich in einklang aber
meistens tun die
was sie wollen und man
ist froh wenn sie einen
dabei nicht
erschlagen man
überlegt was ist das ein
richtiges ein
funktionierendes ein
gutes leben und
wird erschlagen von
den optionen

MARIANNE
schnee eis und
kein empfang mehr da draußen
kommen wir einfach nicht vor

SONJA

bitte bleib einfach bei
den koffern

MARTIN

andauernd walzen sich
die gedanken durch den körper
und wir steuern dagegen
hilflos die ziehen uns
die haut ab die
gedanken und drunter ist nichts
nichts da ist nichts schreien
die gedanken nichts

SONJA

bitte klappe danke

MARIANNE

alles eis da
draußen alles eis so
wie die welt irgendwann
einmal wird ausgesehen haben wenn
wir ihr egal gewesen sein werden alles
eis vielleicht stehen wir
wirklich still und die
welt dreht durch
nicht wir

FRED

ständig ständig ständig dein
erklärton

DORIS

o.k. nur nicht herumschreien

FRED

ständig erklärst du
anderen leuten ihr leben um
von deinem eigenen abzulenken du
erklärst ständig anderen leuten
ihr leben und sprichst dabei immer
nur von dir

DORIS

fred bitte

MARIANNE

ja bitte
fred

FRED

eigentlich
schreist andauernd nur du
dein eigenes
leben an und meines

DORIS

ich schreie nicht ich
diskutiere

SONJA *schmeißt einen koffer auf martin und noch einen und noch einen und noch einen während draußen das ewige eis vorüberrauscht*

bitte einfach klappe danke bleib
bitte bei den koffern bleib
einfach liegen schlaf beruhig dich
lass mich bitte ich
hab mir deine ganzen geschichten nur

angehört um endlich eine
gescheite stelle
endlich zu kriegen sonst nichts es
interessiert mich nicht was
dein leben und deine gedanken
außerdem haben deine
ständigen zweifel und
gedanken einen namen burn
out und jetzt bitte klappe danke

DORIS
könnten sie bitte nicht so
herumschreien sagen sie mal

FRED
lass die doch

DORIS
lass mich doch ich sag
nur die sind hier nicht allein

SONJA
ja und die habens
gehört

DORIS
also das ist ja wirklich

MARTIN
ja was heißt denn hier jetzt
nicht so schreien sie
schreien ja die ganze zeit

MARIANNE

hallo wieder ein
fetzen doch irgendwo
in der leitung hallo ich hör
dich nicht die
schreien hier
alle durcheinander jetzt

DORIS

ich schreie nicht also wirklich
fred schrei ich

MARIANNE

hallo ruhe bitte ich
versteh nichts

FRED

selber ruhe

MARIANNE

ach fred

DORIS

ja benehmen sie sich

MARIANNE

wir sitzen alle hier im
selben zug

SONJA

und wieder ausweichen genauso einfach
ausweichen sich den vorwürfen
nicht stellen genau so

MARTIN

die hat dich angeschrien

SONJA

ich kann mich schon alleine
verteidigen danke

FRED

also so was

MARTIN

was so was was
wollen sie schreien
sie meine frau jetzt nicht
so also

SONJA

deine frau
ha die sitzt
zuhause und weiß
noch nichts von ihrem
glück

FRED

immer mit der ruhe
junger mann

DORIS

also jetzt wird der auch noch fred
gewalttätig setzen sie sich wieder
junger mann wir sitzen alle
im selben zug

MARIANNE

das sagt die richtige

DORIS

was ist denn jetzt kann ich
einmal das telefon

MARIANNE

nein

DORIS

her damit

FRED

auseinander

MARTIN

jetzt drehen die
hier alle durch

SONJA

keiner dreht durch

MARIANNE

aus jetzt
finger weg

MARTIN

schau die dir an
die drehen durch

DORIS

nein nix da

ist doch keiner dran die
ganze zeit schon keiner
dran da schau das display
schwarz nichts und niemand hier
zu sehen

MARIANNE
weil der empfang

DORIS *schleudert das handy gegen die wand*
nix empfang

SONJA
ja beruhig dich jetzt
ist es eh zu spät
deine verschissene fassade
von einem leben
zu überstreichen wir fahren
jetzt gemeinsam in die
hölle

MARTIN
niemand fährt hier in die
hölle

DORIS
also das gibts doch nicht

MARIANNE
na und wie es das gibt

SONJA
die hölle

hast du schon die
hölle heute das
ist man am ende selbst

MARTIN *reißt einen nothammer von der halterung über der scheibe*
niemand fährt hier in
die hölle

FRED
sind sie verrückt bei
der geschwindigkeit werden sie
einfach rausgesaugt

MARTIN
aus
fred

SONJA
leg den
hammer weg

MARIANNE
was drehen hier jetzt alle also
durch will der jetzt
springen oder was
will der jetzt springen sicher
nicht

FRED versucht MARTIN den nothammer zu entreißen aber kaum hat er ihn berührt kriegt er den nothammer auf den kopf

DORIS
stopp aus

SONJA *schreit*
hör auf

FRED *schreit*

MARTIN *starrt die anderen an*
niemand fährt hier
in die hölle wir
steigen jetzt einer
nach dem anderen hier
aus

MARTIN *holt aus mit dem nothammer*

MARIANNE
wir haben uns halt einfach dran gewöhnt
dass einem heute niemand mehr verdächtig ist

FRED *schreit*

MARIANNE *hat währenddessen einen pfefferspray aus ihrer tasche geholt mit dem sie jetzt dazwischengeht*

MARIANNE
keiner steigt aus hier alle
bleiben sitzen wir
fahren alle weiter bis ans ende wo
immer das auch ist

MARTIN *am boden unter tritten schreit laut und fasst sich in die augen*

SONJA *stürzt sich auf* MARIANNE
sind sie bescheuert

FRED *will humpelnd vor schmerz dazwischengehen aber* DORIS *hat bereits einen schweren koffer von der ablage herunter auf die beiden sich prügelnden frauen gezogen der sie beide niederschmeißt*
MARTIN *schreit*
FRED *wischt sich blut von der stirn*
MARIANNE *und* SONJA *liegen heftig atmend am boden*
das handy von MARIANNE *ist komplett zersprungen aber vibriert*

dann durchschlägt der zug eine wand
licht flackert und rauscht koffer fliegen von den ablagen auf die passagiere der zug donnert durch ein hotel dann wird gebremst

drei

macrolotto prato made in italy wo facharbeiterhände t-shirts nähen on the wrong side of the fence you will live the rest of your days

poco a poco tremolo
recitativo

ein hotelzimmer mit blick auf den bahnhof
züge donnern vorbei
das licht flackert knistert rauscht
das zimmer wackelt putz fällt aufs bett

DER SCHNEIDER *an der nähmaschine neben ihm eine matte er summt hustet rauch steigt auf er räuspert sich dann sagt er* made in italy made in europe hat er immer gesagt zuerst italien dann europa hat er immer gesagt

SIE macrolotto prato eine chinesische enklave für wanderarbeiter

DER SCHNEIDER irgendwo muss man ja anfangen

SIE anfangen ach bitte und die matte hat sie über den boden gezogen gesagt zwei meter die liegt hier zwei meter neben der nähmaschine

DER SCHNEIDER und wir beginnen eben hier in macrolotto prato und arbeiten uns langsam nach oben durch

SIE die fabrik in macrolotto prato sah genauso aus wie die fabrik in henan zhengzhou ost sogar die beschriftungen waren auf chinesisch alle hier sprachen chinesisch und von italien hat sie die ersten wochen nichts gesehen nur diese matte hier die nähmaschine und die stoffe sie wurde gewarnt hinauszugehen sie seien hier unerwünscht

DER SCHNEIDER sie müsse das als eine station betrachten einen kurzen zwischenstopp aus technischen gründen zum beispiel

SIE wozu denn jetzt italien wenn wir hier nur zwischengelagert sind

DER SCHNEIDER und dass jetzt eins nach dem anderen zumindest sind sie bis nach italien bis nach italien was für ein schritt und jetzt geht es hier eins nach dem anderen

SIE wozu denn diese ganze reise wenn wir jetzt wieder nur in einer fabrik hier mit den gleichen gesichtern den gleichen namen den gleichen geschichten wenn wir wieder hier nur teile zusammensetzen nur diesmal noch nicht mal hochtechnologie sondern nur billigstoffe fünfundsechzig polyester fünfunddreißig baumwolle wozu

DER SCHNEIDER er saß rauchend auf den stoffen und wusste dass er sich selbst nicht glaubte von wegen station von wegen reise

SIE wozu denn bitte sehr made in italy dass ich nicht lache

DER SCHNEIDER aber genau das sagte er die ganze zeit dass noch etwas kommen wird sagte er dass es weitergehen wird und er war froh sich das sagen zu hören irgendetwas muss man sich ja sagen

SIE sie war draußen auf dem weg zum strand als sie das erste mal angerempelt angeschrien dann niedergeschlagen

DER SCHNEIDER *hustet rauch summt*

SIE als sie das erste mal niedergeschlagen und nicht verstanden worum es ging weil sie ja sowieso kaum etwas hier verstanden und fragend hat sie die frauen angestarrt die gut bekleideten made in italy die an ihr vorübergerauscht sind sie mit aufgesprungenen lippen zurück zur fabrik zuerst der strand wo sie aufgefordert wurde zu gehen weil ein privatstrand dann

DER SCHNEIDER er hat versucht die nähte tiefer rein in den stoff zu jagen hat sich immer wieder gesagt step by step langsam eine naht nach der anderen

SIE sie stand vor ihm mit aufgesprungenen lippen hat gesagt hier können wir nicht bleiben

DER SCHNEIDER *hustet rauch steigt auf dann näht er weiter*

SIE sie hat ihn dran erinnert dass sie china verlassen wollten und jetzt sitzen wir wieder hier genau wie vorher little italy ein industriegebiet in dem wir hocken dürfen nähen und produzieren draußen schreien sie uns an draußen will man nichts von uns sehen und alles hier alles hier riecht stinkt nach rauch die luft hier eine qual auf einer matte ein jahr lang liegen wie soll man das

DER SCHNEIDER *hustet rauch steigt auf er summt räuspert sich kontrolliert den stoff räuspert sich sagt* und er hat gedacht ein bisschen noch ein kleines bisschen noch hat er erwidert und gesagt das ist nur eine station es ist noch nicht perfekt

SIE nicht perfekt den kopf hat sie geschüttelt nicht perfekt und ihn gefragt ob er denn überhaupt die fabrik schon einmal verlassen hat

DER SCHNEIDER am strand waren wir doch gestern wir waren doch am strand

SIE hinter den fabriken waren wir bei den industrieabfällen chemischer natur wo man nicht baden darf einer ist auf mich zugeschossen in einem hemd made in italy und hat erklärt dass ich das land verlassen soll er hat erklärt dass nichts hier

DER SCHNEIDER und aufgesprungen ist er zu ihr hin getanzt fast hat gesagt weißt du hat er gesagt weißt du noch was war der plan

SIE von china aus nach italien das war der plan

DER SCHNEIDER made in italy das war der plan zuerst geld sammeln als näher in einer chinesischen textilfabrik

SIE unterbezahlt ausgebeutet angeschrien niedergeschlagen der letzte dreck noch nicht einmal angemeldet gar nichts sind wir hier wir existieren nicht hat sie gesagt geister sind wir die hemden nähen

DER SCHNEIDER aber frei sind wir jetzt auf dem weg durch europa das war der plan zuerst von china aus nach italien und dann langsam arbeiten wir uns vor wohin sonst zurück wohin denn wir können nur weitergehen

SIE und geschrien hat sie neben den anderen nähmaschinen willst du hat sie gesagt hier sitzen wie die da alte gesichter hier von der mittelmeersonne ausgetrocknet der europäische traum eine textilfabrik in der wir hemden nähen und auf einer matte liegen

DER SCHNEIDER und er hat erwidert und sich das selbst nicht einmal geglaubt dass ihm das schon bewusst dass das hier nicht perfekt dass noch verbesserungsbedarf besteht dass das hier eine station so war das eigentlich hier andauernd gedacht als eine station andere werden folgen

SIE WO

DER SCHNEIDER *hustet summt rauch steigt auf*

SIE WO

DER SCHNEIDER wir können in ein paar tagen schon hat er gesagt einfach gehen geister sind wir freie die um die welt spazieren können

SIE und sie hat nicht mehr gewusst was sagen hat zum fenster durch die gitterstäbe hinausgeschaut über die stoffe hinweg und gesagt dass wir hier nicht existieren es existieren die hemden und die stoffe hier hat sie gesagt es existiert das t-shirt hier die hose hier das hat einen wert wir nicht wir sind geister wir existieren nicht hier das hat sie gesagt und das etikett hat sie abgelesen fünfunddreißig baumwolle fünfundsechzig polyester bei vierzig grad waschen bügeln erlaubt made in italy made in europe homegrown das existiert hat sie gesagt wir nicht wenn die sirenen losgehen müssen wir in den keller kriechen manchmal mitten in der nacht wenn wir auf die straße gehen werden wir kontrolliert müssen uns verstecken werden eingesperrt die hemden made in italy die reisen weltweit die haben einen wert wir haben keinen uns fehlt das etikett made in italy siehst du das made in italy das nähst du hier zusammen deinen ganzen tag die unsichtbare hand sind wir made in italy made in europe und dann hat sie ein etikett genommen und drunter reingeschrieben made in europe hat sie drunter rein geschrieben unters etikett und hat gesagt sie will hier weg

DER SCHNEIDER er hat überhaupt nicht gewusst wohin mit sich hat eine umarmung ausprobiert dann zur beruhigung

SIE die hat sie dankend abgelehnt

DER SCHNEIDER ein paar tage noch hat er gesagt

SIE ein paar tage noch und dann

DER SCHNEIDER dann ziehen wir weiter

SIE wohin

DER SCHNEIDER das werden wir sehen

SIE nichts werden wir sehen überhaupt nichts wir sehen nichts und werden nicht gesehen

DER SCHNEIDER er hat sich das ja selbst nicht geglaubt aber was sollte er denn sagen man kann sich ja nicht eingestehen dass man in dieser welt nicht vorgesehen ist und weiter genäht hat er auf der maschine die etiketten angenäht hat er die fingerspitzen eingerissen längst von den rostigen nadeln made in italy in der hoffnung noch ein paar nähte und dann weiter

SIE made in italy nachts ist sie losspaziert richtung bahnhof hat ihm ein lebewohl noch neben die matte hingeschrieben hat gesagt das wars hat gesagt es muss doch irgendwohin weitergehen hat dabei natürlich spekuliert hat sich gedacht der kommt ihr hinterher ins hotel ist sie dann hat sich hingelegt und überlegt angestrengt nachgedacht wohin man fahren könnte und hat gewartet dass er sich endlich rührt

DER SCHNEIDER und er hat gehustet als er aufgewacht ist

SIE aufgeschrieben hat sie dass er sie in dem hotel abholen soll wenn er weiterfahren möchte

DER SCHNEIDER hat gehustet rauch brannte ihm in den augen

SIE dass sie nicht mehr zurückgehen wird

DER SCHNEIDER rauch über der matte rauch überall

SIE dass sie jetzt genau hier warten wird

DER SCHNEIDER und aufgeschossen ist er mit den händen hat versucht nach ihr zu schlagen aber da war niemand und ihren namen hat er geschrien aber keiner hat zurückgeschrien

SIE sie werde hier jetzt einfach warten

DER SCHNEIDER zum fenster raus hat er andere arbeiter gesehen aber sie nicht und hat wieder und wieder ihren namen geschrien und was macht man denn jetzt hat er sich gefragt

SIE und durch das fenster raus hat sie gesehen wie leute in hosen made in italy herumgelaufen sind und beschimpft hat sie sie auf chinesisch und gedacht keine stoffe mehr nie mehr

DER SCHNEIDER was macht man denn jetzt geht man da hinaus alleine aber was soll er denn da draußen machen wenn sie nicht zu sehen ist was wenn die hier wo liegt ohnmächtig er kann doch so nicht raus und er ist nach unten dort wo die stoffe lagerten von dort her kam der rauch chemischer natur wo die anderen maschinen standen er hustete hielt sich die augen zu das hemd hat er sich vors gesicht gezogen hat versucht den rauch zu vertreiben hin zur tür die flammen loderten dort schon auf wangenhöhe die tür blockiert hörte er draußen welche laufen die mit nassen tüchern versuchten sich den flammen hier entgegen jetzt zu stellen das mittelmeer vor dem haus aber kein wasser wenns brennt hustend zur matte hin hat er sich umgesehen nach ihr gerufen mehrmals hat er geschrien dann zum fenster hin dann und wieder rufen wie verrückt gegen die billige mauer hingetreten dann mehrfach während die flammen immer höher schlugen hat er noch decken jetzt in die luft und irgendwie über die flammen drüber ist durch den polyesterrauch hindurch getanzt schon angesengt die füße und die obere schicht der haut dort wo die berührungen gespeichert sind dort loderten die flammen hustend mit einer decke vorm gesicht und dann hat er sie gehört an einem bahnhof in weißrussland sie starrte die landkarte an und sagte wenn prato nicht passt ist florenz nicht weit und rom auch nicht aber man kann in einem nachtzug immer noch über mailand nach bern genf lyon oder über straßburg nach paris oder brüssel oder über venedig nach rijeka oder dresden man kann abends zu den gleisen gehen und wird immer irgendwo ankommen und dann hat er sie gehört aufzählen stettin klagenfurt göteborg oslo und ist immer wieder zu boden gegangen während der rauch ihm immer tiefer in die unteren schichten hineingewandert ist uppsala kaliningrad vilnius konstanza belgrad sarajevo lesbos piräus naxos pylos neapel immer tiefer hinein in die unteren schichten monaco nizza toulouse sevilla porto cambridge der rauch made in italy made in europe in chinatown macrolotto zero stunde null hat er sie sagen gehört und sich gedacht jetzt ein paar wochen italien dann weiter immer weiter den haag berlin basel verona pécs banja luka hat er sie sagen gehört und die finger über der landkarte vermessend jeden zentimeter der möglich war zu gehen die finger dann am ende leblos schützend die hand über dem leblosen gesicht zwei meter hin zwei meter her kein zentimeter mehr kein möglicher der boden zitterte vibrierte bebte und ein zug endlich hier mitten am parkett das unter ihm sich öffnet draußen die palmen und das paradies drüber der rauch made in italy made in europe draußen die verbrannten drinnen die ausgebrannten on the wrong side of the fence you will live the rest of your days

III
cader a terra

eins

europa im spätherbst ein ausgebrannter
chor lauscht dem gesang des kondukteurs

dolendo con fuoco
glissando

rauschen
knistern

lichter flackern

es
summt leise
ins bordmikrofon
der kondukteur

rauschen
knistern
donnern

summen

nichts

schreit einer dann
mit einer maultrommel bewaffnet
dazwischen nichts weit und breit
zu sehen hier oder
immer nur das gleiche die
welt wiederholt sich seit sie sich dreht auf
sich selbst hin dreht die sich ihr

ganzes leben lang dreht dabei durch auf
dem weg zu sich selbst hin dreht die durch weil
sie weiß dass sie sich nur mehr noch
wiederholen kann wohin
schreit er mit einem kaffee in der hand
ist die welt verschwunden wir
sind doch einmal ausgezogen um
von ihr zu berichten heute
wird überall berichtet
von einer welt die eigentlich
schreit er
sich ständig nur noch wiederholt die
welt dreht ihre kreise und rauscht dabei
nur mehr noch ins leere

und wieder

rauschen
knistern
flackern

nichts

es summt der kondukteur sein
weltschmerzhohelied

summt städtenamen
straßennamen längst vergessene
geschichten falsch
erinnerte gedichte schlecht
gelernte erfindet
ständig neue sich dazu

dreitausend rollkoffer
schlittern vorüber hinten
nach eine mit einem
mikrofon bewaffnet die schuhe voll mit dreck
das gesicht halb angefressen schon von
den eigenen kindern die sie
bis vor röszke hat geschleppt aus
gehungert während die
kameras sich satt an ihr
nicht sehen können mit
einem mikrofon
bewaffnet in das sie schreit bin
schon zweitausend mal um
die welt gelaufen bin schon
zweitausend mal entkommen bin
schon zweitausend jahre lang gelaufen hab
alles schon gesehen bürger
kriege renditenschluchten erfrierende
alle jubeljahre an irgendeiner grenze bin
zweitausend jahre jetzt schon unterwegs und
weiß immer noch nicht wo wir alle
eigentlich hin einmal wollten immer
der gleiche der allerletzte schrott der
sich im kreis herum um uns immer
herum jetzt seit zweitausend jahren dreht

und risse wieder hier im
sediment dort wo
die toten ins rotieren kommen die
öffnen sich auf stufe drei bis
zu den schreien runter den längst
vergessenen die jetzt ungebremst
wieder hernieder donnern toben wüten mit

pappschildern und falscher orthografie aus
den hasskommentarspalten kriechen die
längst schon vergessenen die
nie wirklich weg waren fordern
wir
sagen sie fordern
unter tränen grenzen zwei
drei vier fünf sechstausend von
den längst totgesagten stehen da als
chor schreien grenzen endlich bitte wieder grenzen
schreien die hasskommentarspalten sich selber an es
donnern eh schon genügend güter
waren informationen bilder sowieso sinnentleert
an uns vorbei wenn jetzt auch noch
menschen sinnfrei diese welt durchwandern schauen sie der
boden der zitternde der bebende der vibrierende
der hält zu viele menschen gar nicht aus nur
wer dem boden hier entstiegen ist darf bleiben fremde
abdrücke sollen keine hier
zu sehen sein nur
die eigenen abdrücke die
ständig im kreis herumgehen
seit jahrtausenden wir
spüren ja jetzt schon im
untergrund die verwerfungen die kommenden die
zukünftigen spuren die
von anderswo her kommend die
ziehen ja am ende bis zu uns die
spuren abdrücke risse schließlich
im ausgehungerten mit industriemüll voll
übersättigten boden
den abfall den wir anderswo in den boden gießen der
will unter uns schon wieder nach oben

schreien sie jetzt die pappbeschilderten im chor hass
blitzt auf ein zug schießt vorbei

und wieder donnern andere züge jetzt mit
hochtechnologieschrott made for agbobloshi kinderhände
graben schon in lithiumionenakkus dort schreien
die pappbeschilderten
sollen sie ewig dort graben in dem müll den wir dort
hinterlassen wir wollen nur dass unser boden nicht
versaut wird schreien
die hasskommentarspaltenattentäter sich selber an
schrebergartenterroristen sind wir eigentlich vergessene
vergrabene die sich wieder nach oben durchschaufeln jetzt
wollen
und dafür braucht es klare grenzen damit
nicht wir am ende unter den gleisen liegen der waren die
uns so viel bedeuten nein
andere sollen darunter liegen dort unterhalb der gleise tief
im sediment vergraben grenzen braucht es wieder
damit die freiheit hier bleibt hinter
unseren mauern damit der wohlstand hier bleibt
die risse tief im sediment die
wollen wir mit grenzen kitten

es summt der kondukteur sein
weltschmerzhohelied im
tiefsten moll hebt langsam ab wird
fast aus dem summen dann ein
keuchen dann ein wispern dann
ein flüstern

hoch schreckt von einem sitz ein kind das
sagt nur schlecht geträumt das
kind sagt alles hier nur schlecht geträumt

ein anderes sagt gleich lieber
schlecht geträumt als
schlecht erinnert

die totgesagten mit den pappkartons erklären allerdings wir
weichen nicht wir
haben lang genug schon zugesehen wir
haben lang genug gelitten unter wohlstand und freiheit es
muss der freiheit darum bitten wir ein
ende endlich jetzt hier bitte sehr gesetzt also jetzt werden
der freiheit und dem wohlstand müssen klare
grenzen aufgezeigt werden hier
sollen sie bleiben die freiheit und der wohlstand den
müll lassen wir fahren der kann weg die kriege
werden outgesourced alles was fremd
uns erscheint wird outgesourced wir
sind aus dem versauten sediment heraus zurück in
die mitte längst gekrochen

und eine alte frau spaziert vorbei nimmt eins
der pappschilder
schüttelt nur den kopf
geht ab

der kondukteur summt weiter das
kind sagt
lieber einmal schlecht geträumt als
ein leben lang wieder schlecht erinnert

und ich sag

einmal schlecht erinnert ein
leben lang verbrannt das

summen wird aggressiv wird
orchestral wird jetzt
ein monstrumssummen der
kondukteur erschrickt er
unterbricht aber
längst hat das summen schon
sich verselbstständigt
tobt jetzt quer durch alle
kanäle dieses
monstrumssummen dieses
wehklagen des
kondukteurs der
längst schon das weite sucht

unbremsbar wächst
das stöhnen an zu einem
stottern flehen bitten schließlich schreit das
bordmikrofon hysterisch tobt und knistert es
irrsinnig sirenenhaft durch alle bordmikrofonanlagen
aller züge flugzeuge schiffe dieser welt

das ist die lunge jetzt das
ist die niere das
ist das fleisch gut sichtbar das
ist der heimweg jetzt

und alle blicke fliegen hoch

passagiere die
weltweit heute reisen schießen
hoch industrieviertel erzittern
märkte kollabieren powerpoint-alpträume
brechen in sich zusammen der

boden über den wir weltweitreisenden
ein leben lang uns ungefragt bewegen bricht
vorstädte werden verschluckt wenn
endlich dann wieder zum vorschein kommt was
längst verschwunden war wenn
der boden sich naturgemäß vom größten fehler
der natur dem umweltunverträglichen umgewühlt sich auftut
wenn
was lang erledigt war wieder
hervorkommt weil nichts
in dieser welt der zeit entgeht die
eiert unerbittlich die
erschlägt am ende einen jeden
auch die hoffnung und
trotzdem
wir gehen weiter egal was kommt wir

schreit jetzt einer der
die ohren sich fest zuhält der
boden vibriert spuckt aus das
längst vergessene

dann endlich
wieder stille

der kondukteur summt wieder blut
läuft ihm aus den ohren jetzt die
augen feucht nass hohl weiß glänzend seine stirn es
knistert nur kurz ich dreh mich weg kurz
hustend dann hebt sich der brustkorb
und der vaterkörper atmet wieder
solange die maschine es befiehlt
europa prometheus die schützende hand des vaters

die das feuer bringt schläuche wo
einmal körper war hinfort
gebrannt die epithelschicht europa
gehäutet darunter wundwassertief brand
herde selbst
hass fremden
hass müll leichen
teile körper erinnerungen wort
an dem man sich verschluckt

dann wieder

rauschen
knistern
donnern

der
kondukteur mit blick aufs gleisbett sagt

hier ist die welt
zusammengenäht

rauschen
knistern
donnern

hier ist die welt zusammengenäht

hier wird sie reißen

zwei

macrolotto prato in der toskana im
radio läuft schon wieder chinawoman sie singt
i kiss the hand of my destroyer with
love i watch her watch me cry how
marvelous my house on fire

parlando perdendosi
recitando

SIE ermittelt wurde unter anderem wegen brandstiftung auch ein produktfehler eine unvorsichtig weggelegte zigarette ein kabelbrand ein funkensprung ein blitzeinschlag ja im endeffekt einfach eine wirklich traurige angelegenheit sagte ein polizist in einem kurzen snippet und kratzte sich am kopf man stehe noch ganz am anfang allen spuren müsse man jetzt folgen dass brandstiftungen jetzt gerade an solchen orten immer häufiger vorkommen dass man davon ausgehen muss gar made in italy dass dieser brand politisch hier made in europe ja das sagt er eigentlich auch ohne brand das hier ein brandherd sei ein sozialer und dass von politischer seite nun ein aufwachen einzusetzen habe dass europa sich zu einem brandherd längst entwickelt habe dass es schwer sei von schuld hier von schuld in so einem fall wo man eigentlich viel früher ansetzen müsste aber dass es jetzt darum gehe sagte der polizist die wahren schuldigen dahinter ausfindig zu machen wenn es denn nachweislich ein fall von brandstiftung war aber die probleme sagte der ermittelnde polizist sind made in europe und in einer sondersendung zu dem thema ein paar tage später widersprach eine politologin heftig den in sozialen netzwerken mittlerweile hundertfach geteilten und schwer umstrittenen aussagen des ermittelnden polizisten der sich am kopf kratzend vor einer ausgebrannten textilfabrik in der toskana über probleme made in italy made in europe sprach die politologin sagte ein fall von brandstiftung darf in keinem fall auch nur ansatzweise verharmlost werden mord darf nie sagte sie verharmlost werden eine expertin wiederum erklärte im radio einige tage später dass sich natürlich schlicht die frage stellte wer denn jetzt an den erfrierungstoten schuld ist an menschen die mit zügen durch die halbe welt reisen um nach europa zu gelangen süd- und mittelamerika auf zügen durchqueren um nach amerika zu gelangen wenn diese menschen erfrieren fragte die expertin mit großer dramatischer pause wenn die vom zug fallen wenn der fortschritt über diese menschen hinwegrollt gibt es dafür einen schuldigen fragte sie aber das verstand die junge chinesin die mehrere tage lang in einem hotel in prato auf dem bett lag und sich nicht bewegte alles nicht sie sah nur die fabrik die kannte sie die stand da jetzt ausgebrannt mitten in der toskana die sonne schien wie sie nur in der toskana scheint und im haus gegenüber probte das lokale kammerorchester für einen festlichen anlass die geigen hörte sie den ganzen tag zwei wochen lang lag sie so da in diesem zimmer made in italy und starrte an die decke auf eine billige stuckkopie von großem repräsentativen stuck von kolonialhotels die sie in filmen einmal gesehen hatte während alte schlager aus dem radio kamen und sie unverständliche geschichten von entführungen geiselnahmen erschöpfung verbrennungen fliehenden und so weiter hörte die sie nicht verstand weder die bilder noch die worte ergaben sinn sie wusste nicht was unterhaltung und was nachricht war was real und was erfunden und übersetzte sich daraus eine welt die so nicht existierte und sie sagte sich diese geschichte hier spielt in einem paradies und die heldin dieser geschichte bin ich und in dieser geschichte fahren menschen mit zügen andere wandern vorbei mit instrumenten und singen lieder und wir beide verlassen in dieser geschichte europa wieder ein sehr finsterer langweiliger kontinent voller missmutiger menschen stattdessen fahren wir richtung brasilien ein land das sie nicht kannte und von dem sie keine vorstellung hatte aber sie liebte den namen und so lag sie am bett während der rauch zum fenster reinkroch und risse über die decke krochen der boden vibrierte und zitterte und züge vorüberdonnerten und die zeit auch die ist auch vorübergedonnert über alle ihre geschichten hinweg

zwei wochen lang in dem zimmer hat sie gewartet mit blick hoch auf den stuck zwei alte frauen die zum putzen anklopften musste sie wiederholt wegschicken auch die wurden teil ihrer geschichte im zimmer nebenan hörte sie eine woche lang einer kleinfamilie zu mutter vater tochter auch die wurden teil ihrer geschichte wie sie den rauch von der fabrik aufsteigen sah im fernseher und nichts davon verstand gar nichts

sie erinnerte sich an den bahnhof zhengzhou ost und die hunderttausend menschen sie fragte sich ob sich irgendwer dort an sie erinnern würde wahrscheinlich nicht die frau mit dem müll auf dem wagen der singende russische schaffner der ihnen unterwegs einmal kaffee spendiert hatte die grenzpatrouillen die sie austricksen mussten zwischen ungarn und österreich irgendwann begann sie durchs hotel zu spazieren und dachte sich für alle zimmer eine andere geschichte aus andere reisende die vorüberziehen auf diesem seltsamen kontinent der nur aus vorüberziehenden besteht tür auf tür zu koffer rollen vorüber schiffe fahren vorbei züge rollen richtung horizont als ihr das geld ausging irrte sie durch die stadt vorbei an schaufensterpuppen made in italy wickelte sich einen schal ums gesicht damit sie nicht auffiel zumindest sagte sie sich dass sie das tat

als sie auf die gleise trat sagte sie die heldin betritt den zug sie spürte wie der boden unter ihr vibrierte sie sagte die heldin sieht sich noch einmal um sie sieht sich den bahnhof an die weltweitfahrenden die aus aller welt herbeigefahrenen die in hast und eile an ihr vorübereilenden sie sagte die heldin hebt ihren koffer hinein und überlegt wo möglicherweise ein platz frei sein könnte sie spürte wie der boden zu beben begann und sagte sich die heldin sieht ein leeres abteil sie konzentrierte sich während sie den gleisen folgte die immer heftiger bebten und sagte vorsichtig wort für wort untersuchend die heldin setzt sich sie stellt den koffer auf den platz neben sich damit die kabine voll und belegt aussieht sie möchte nicht dass sich irgendjemand zu ihr setzt sie sah wie der zug direkt auf sie hindonnerte sie sah das flackern der lichter das kreischen der räder sie sagte sich die heldin trotzt den gleisen bleibt sitzen in diesem abteil egal wohin der zug jetzt fährt sie denkt sich vielleicht bringen sie die gleise jetzt wieder zurück nach zhengzhou ost sie muss nur hier in diesem zug bleiben den gleisen folgen schritt für schritt der boden zitterte immer stärker das kreischen wurde immer lauter sie sagte die heldin merkt dass der zug losrollt den bahnhof verlässt sie hat keine idee wohin dieser zug jetzt fahren wird vielleicht sagte sie denkt sich die heldin es ist ein beschissener regionalzug und die große weltumrundung endet gleich in irgendeinem provinzbahnhof kiesel flogen hoch in ihrem gesicht blitzten die neonfluter auf vorne drauf auf dem weißen metall der schal verfing sich im getriebe wurde sofort zerrissen made in europe made in italy sie sagte wort für wort betonend henan zhengzhou ost dort wo smogwolken am himmel hängen und lithiumionenakkus durch facharbeiterhände wandern bis irgendwann die facharbeiter wandern die hände hob sie nicht den mund verzog sie nicht sie sagte silbe für silbe denkend der zug beschleunigt während er den bahnhof verlässt die landschaft verschwimmt während er beschleunigt bis sie nicht mehr zu erkennen ist wir müssen uns beeilen wenn wir noch etwas sehen wollen bevor alles verschwindet henan zhengzhou ost made in italy made in europe die hose wurde ihr vom körper gerissen vom getriebe einfach weggefressen ein bein hing noch dran das andere bekamen die gleise sie sagte jedes wort gegen die gleise gerichtet der zug beschleunigt jetzt und fegt genau hier über das parkett hinweg über diesen ganzen scheißkontinent hinweg von stadt zu stadt von fabrik zu fabrik von haus zu haus von zimmer zu zimmer und frisst sich durch diesen ganzen scheißkontinent von tag zu tag von mehrwert zu mehrwert bis der ganze kontinent daliegt von wunden überzogen gepeitscht und niedergefahren von den eigenen zügen überhitzt die adern sämtlich offen keime nagen schon an den frischen rändern und der zug die fabrikmauer durchschlägt in macrolotto prato henan zhengzhou ost wo smogwolken am himmel hängen und lithiumionenakkus durch facharbeiterhände wandern bis irgendwann die facharbeiter wandern die hände hob sie nicht den mund verzog sie nicht die finger gingen einer nach dem anderen zwischen gleis und getriebe ihr verloren rauch steigt auf made in europe dann donnert ein zug vorbei irre kreischend

drei

finale im
ewigen ice der spätmoderne

leggiero
ad libitum

der nachtzug hat die wand eines hotels durchschlagen
er steht jetzt mitten in diesem hotelzimmer
koffer liegen herum einige verwundete dazwischen am boden
das licht flackert

MARTIN *schreit*

MARIANNE *mit dem kaputten handy in der hand*
mit der welt
klarkommen wer
schafft das schon

MARTIN *schreit*

SONJA
jetzt hat der doch
noch gehalten

DORIS
glaub eher er wurde
aufgehalten

FRED *hält sich ein t-shirt gegen die klaffende wunde vom nothammer auf der stirn er sieht wirklich nicht gut aus*

DORIS
du siehst wirklich
nicht so gut aus

SONJA
weiß nicht vielleicht
sind wir die ganze zeit
auf der stelle
gefahren

es knistert und rauscht

MARTIN *schreit*

SONJA
ach bitte jetzt ich
hätt gehofft jetzt ists
vorbei wo
sind wir eigentlich

DORIS
es ist hell draußen

FRED
hilf mir hoch

SONJA
ein bett da eine kommode ein
schrank was
ist das bitte hier

MARIANNE
ein hotel

SONJA
oder ein krankenhaus das
ist doch hier oder
ein krankenbett

MARIANNE
oder ein hotel das hier
ist ein hotel ich
hab beim reinfahren die reklame
noch gesehen ich
hab die wand splittern sehen die
leeren zimmer die wir eins nach
dem anderen durchschlagen haben

DORIS
was für ein
hotel glaub auch eher
ein krankenbett

es knistert und rauscht der KONDUKTEUR *räuspert sich*
er atmet lange
man hört schritte rund um den zug

FRED
mir ist schwindlig

DORIS
setz dich ich werd einmal

MARIANNE
hallo ist hier irgendwer

FRED

nein lass
rausgehen jetzt
bevor der womöglich
wieder weiterfährt

MARTIN *schreit und kratzt sich in den augen*

DORIS

wohin soll der denn
jetzt noch fahren

MARTIN *wimmert*

ists vorbei

SONJA

weiß nicht

MARIANNE

hallo ist hier irgendwer

es knistert und rauscht
dann ist es sehr lange still
alle passagiere starren zum zugfenster hinaus
sie stehen mitten in einem hotelzimmer
die lichter flackern wieder

DORIS

der fährt nirgends mehr hin der
bleibt jetzt hier in dem
hotelzimmer oder was
das ist das bett noch unbenutzt die
wände eingerissen

der zug steht quer
durchs ganze haus hier

SONJA
und die ganze einrichtung
vereist alles hier weiß

DORIS
nur ist es überhaupt nicht
also kalt oder

knistern
das licht geht aus

MARIANNE
hallo das gibts doch nicht hört
uns jemand also mir
ich weiß auch nicht
reichts jetzt ich
geh raus

DORIS
ich würd ja eher
also nochmal warten

dann knistern wieder rauschen aus dem bordmikro der KONDUKTEUR *beginnt zu singen er singt »You'll never walk alone« von Elvis Presley*
langsam werden die vorhänge beiseite gezogen der zug steht mitten auf einer theaterbühne vor vollem haus
das publikum im saal applaudiert
MARTIN *schreit*

SONJA
was soll denn das jetzt hier

FRED
was passiert

DORIS
weiß auch nicht bleib
mal lieber sitzen hier
mit deinem kopf bis geklärt ist
was gerade los ist da
sitzen menschen und

SONJA
die applaudieren sitzen da
schauen ganz groß angestrengt und
applaudieren und weiß nicht eine freut sich
richtig die flüstert was
zu ihrem nachbarn

MARTIN *schreit*

MARIANNE
also das was ist denn das hier

FRED
was ist los

DER KONDUKTEUR *spaziert nach vorne an die rampe und singt weiter*
MARTIN *schreit*
unter den applaus mischen sich bisweilen jubel und bravorufe
DER KONDUKTEUR *singt weiter er animiert das publikum mitzusingen klopft den passagieren auf die schultern*

irgendwann hört er auf zu singen der gesang geht trotzdem weiter

MARTIN *schreit*

DER KONDUKTEUR *sieht ihn lange an er atmet schwer ins mikrofon während die musik anhält dann lässt er sich noch einmal vom publikum feiern geht aus dem zimmer hinaus kommt mit einer pistole zurück und erschießt* MARTIN

DORIS

was soll das denn jetzt

FRED

was
was passiert
hier

SONJA

der hat den gerade

FRED

jetzt sag wer was passiert
gerade was
ist los

knistern rauschen bordfunk an

DER KONDUKTEUR

so guten abend meine damen und herren und
herzlich willkommen hier in meinem namen vor
allem aber im namen hier
der bahn im ewigen ice auf
grund von fahrbahnschäden wetterbedingten oder
anderen historisch bedingten technischen

ausfällen aufgrund von was weiß ich
kein mensch weiß heute schließlich noch
ich auch nicht ich als allerletzter was
da draußen eigentlich passiert fakt ist wir
müssen hier jetzt warten wir
sind falsch abgebogen schon vor jahrzehnten oder
vor jahrhunderten was weiß denn ich seit wann
wir hier im kreis herum schon fahren ich
bin doch nur der depp
mit dem automaten der sagt über die
voraussichtliche wartezeit informiere ich
sie in kürze bitte bleiben sie
doch einfach so lange sitzen ruhig ich bitte sie
bleiben sie einfach ruhig und lauschen sie
dem nachtwind draußen hören sie

applaus brandet hoch DER KONDUKTEUR *singt wieder lauter »You'll never walk alone« dann spricht er weiter das lied geht weiter*

FRED
was passiert denn bitte

DER KONDUKTEUR *erschießt* FRED

DER KONDUKTEUR
wissen sie was ich mich
oft frage allerdings immer nur so
ganz für mich wenn ich
hier durch den zug
mich schleiche wenn ich
durch die reihen hier spazier die
leeren und die vollen die lauten und die
reservierten die

an denen gegessen wird und die
wo welche in ihre displays tief vergraben sind
da frage ich mich manchmal wo
wir denn eigentlich überhaupt
einmal also hinwollten wir hier
wohin sind wir ausgezogen um
dorthin zu kommen wo wir jetzt
stehen als wäre das
jemals das ziel gewesen und
dann denk ich mir oft beim
kontrollieren das kontrollieren überhaupt
als macht das sinn wenn einer
einen anderen daran
erinnert dass er nur fahren darf
wenn er ein ticket löst dass
die paar zentimeter auf der
karte ein maßstab sind für
wer wohin darf und wer nicht aber
zurück was ich sagen wollt wenn ich so
in so ein müdes
vom fahren und vom schauen
ganz entstelltes gesicht von
einem passagier hinein
schau wissen sie was ich mir
dann oft denke wir
sind schon eine brutale schande längst
für eine jede reise geworden wir
weltweitrasenden in wahnwitziger
geschwindigkeit wir weltweitschauenden die
nirgends mehr ankommen und nichts
eigentlich mehr sehen wir weltweitirrenden die
auf keine ankunft längst mehr warten die
nur mehr noch die ankunft des

bleibenden erwarten wir
dauererreichbaren dauerbeschäftigten dauer
gestressten mit unserem sozialen
dauerfeuer auf den lippen wir
mit unserer bewegungswut
im anschlag mit
unseren ausreden wir
überhitzten wir streng genommen über
flüssigen wir ausgelaugten wir
verhinderten wir auf dauerschleife wartenden wir
vor einer roten ampel bei nacht
wartenden wir schuldlos schuldigen die
wir nur noch ja was eigentlich
herbeisehnen sehnt sich der
denk ich mir oft beim kontrollieren wenn
meine stimme sich dann hebt
autoritär die fahrscheine bitte denk ich mir
innerlich während ich öffentlich
meinen kontroletti spiel sehnt
der von mir kontrollierte sich
nach was eigentlich noch ja
frag ich mich ob den
eigentlich dort wo er hinfährt noch
etwas unerwartetes erwartet ob wir
eigentlich noch irgendwo etwas
unerwartetes erwarten oder wir längst uns
schon mit dem ewiggleichen mit
dem ewigheutigen arrangiert uns
haben wo wollten wir eigentlich alle einmal
hin

DER KONDUKTEUR *will* SONJA *erschießen*
ladehemmung
er rüttelt am abzug

DER KONDUKTEUR

wir gehemmten wir
die wir niemanden mehr sehen
außer uns selbst nur
noch uns selbst
spüren wir tief drin
in diesen unseren körpern diese
wunderschönen durch die
welt geschleuderten körper die
nur einen zweck in
diesem leben haben die
anderen körper zu
berühren ihnen
nahe zu sein sie hereinzubitten als wäre
das hier und jetzt diese
welt diese elendige aus
verkaufte aus
getrocknete über
hitzte jemals das ziel gewesen

endlich
der lauf funktioniert wieder

DER KONDUKTEUR *liegt in den letzten takten*
aber jetzt noch einmal mit gefühl
er erschießt SONJA

DER KONDUKTEUR

wo wollten wir
denn einmal hin wo
wollten wir denn
einmal ankommen wir
sind doch einmal auf

gebrochen um
irgendwo anzukommen aber wer
bitte schön wollte denn
jemals hier
ankommen

schüsse fallen
standing ovations

epode
im schnee

correr forte

semplice ma espressivo
sotto voce al fine

ich trau mich nicht hinein

ich trau mich nicht ans bett

steh nur
immer noch hier am
parkett lausch
dem piepen der maschine schau
sie mir an die
abdrücke im schnee

sind das
die meinen

schnee wirbelt auf die
maschine piept

sind das
die meinen

bin ich den ganzen weg
von dort bis hier
bin ich den bis jetzt einfach so
gelaufen diesen weg

schnee wirbelt auf die
maschine piept

sind das
die meinen

die abdrücke die
von dort ganz hinten
bis hierher führen

sind das
die meinen

wer versteht die schon die
abdrücke die hinführen zu einem die
man hinterlässt zum beispiel hier
dieser teil hier schritt für schritt der
ergibt keinen sinn aber
irgendjemand ist den doch gegangen schritt
für schritt wer
kümmert sich denn jetzt darum mich
geht der weg auf dem ich stehe leider
überhaupt nichts an die
abdrücke laufen nicht zu mir nein ganz im
gegenteil die laufen vor mir weg
ich ihnen hinterher

ich trau mich nicht hinein

ich trau mich nicht ans bett

lausch hier dem piepen der maschine schau
sie mir an die abdrücke
im schnee niemandem gehören phantom
schmerzen die zuschneien
entlang dem narbengeländer

sind das
die meinen

im narbengeländer das
langsam verschwindet
sagt die ärztin im
vorübergehen phantomschmerzen
persistieren das sind
die alpträume der nervenenden die
den tod gesehen haben

ich schrei zurück

schrei daneben nur summen
hier nur piepen der
künstlichen niere die
die verbrannten zellstoffe die
erinnerungen dieses körpers
abtransportiert

ich schrei zurück

schrei die maschinen an die
piepen luft in
den brachliegenden körper
pumpen flügel
für flügel

steh und schau rein
ins gleisbett die adern aufgeschlagen
knallt sie dann
runter eine rampe
schau an die welt
sagt eine hinter mir im
runtergehen von der rampe hustend sagt tief
drin im offenen fleisch hocken die

nervenenden die den tod gesehen haben
aufgescheucht und pulsieren die
wissen lange schon was wiederkommen wird

schau an
sagt eine andere die raustritt
aufs gleisbett aus dem vieh
waggon augen verbunden das gesicht
von einem schal bedeckt der mantel
zerrissen den sie trägt
der fahrtwind hat die finger
spitzen abgekaut
schau an die welt die
vielbefahrenen nähte dieser welt
wieder einmal aufs
äußerste gespannt gleich
tut sich alles auf
am ende hier der
strecke wieder ein tor mitten
im eis liegt da als phantomschmerz drum
herum metallgestrüpp wundnähte fingerabdrücke
ein schlafsack viehwaggons
die sind im kreis herumgefahren
ein jahrhundert lang aufeinander zu
grenzen schließen sich
dazu sind sie da

und einer mit einer recht ramponierten geige
in leichenform will etwas
sagen aber hustet nur zupft
die leichenblasse saite rauch steigt auf

ich schrei zurück

steh und schau ins gleisbett
die adern aufgeschlagen hör
das donnern wieder
kieseltrauma prometheus europa
die schützende hand des
vaters die das feuer bringt
schau in den zerschnittenen himmel von
drohnen zur übung zerflogen

phantomschmerzen persistieren

gehen nicht mehr weg wohin sollen die
auch gehen am narbengeländer entlang die
schützende hand europas prometheus die
das feuer bringt abdruck für abdruck
flüstert der mediziner flüstert
phantomschmerzen haben
keine geschichte sie sind
die adern der geschichte

die grenzen sind jetzt wieder zu
die wunden sind noch offen

ich schrei zurück

ich trau mich nicht hinein

sind das
die meinen
flüstert ein anderer rauch steigt auf

ich trau mich nicht hinein ich
will da nicht hinein sagt die
die von der rampe runter jetzt geschoben

werden muss will hier mit diesen
abdrücken nichts gar nichts zu
tun will ihnen keine folge leisten weiß
ja ein jeder wohin die einen führen warum
will man denen folgen diese rampe runter
wundwassertief ans narbengeländer wo
nur phantomschmerz herrscht

ich trau mich nicht hinein

steh wieder nur vor mir am ende
vor den maschinen in der
verbrennungsintensivstation und
lausch dem piepen lausch
den durchsagen lausch den
prognosen lausch seinen
ersten schritten seh
seinen blick der mich
anstarrt verängstigt wie lang habe ich
geschlafen nichts überdauert nur
der phantomschmerz persistiert

die grenzen sind jetzt wieder zu die
wunden sind noch offen

ein schlafsack der
in einem bauzaun
flattert stundenlang

wer sieht das schon
an der außengrenze wer
sieht den schlafsack neben dem
künstlich atmenden vater liegen wer
sieht das schon

die grenzen sind jetzt wieder zu die
wunden sind noch offen
narbengelände die schützende hand
europas prometheus die
das feuer bringt sich klammert an den bauzaun ans
metallgestrüpp narbengelände auf stufe drei
das jetzt hier wächst und gedeiht verband
eines ausgebrannten körpers

dieser moment wo der die augen
aufmacht ist meiner

den geb ich nie mehr her den
pack ich in die allerhinterste zelle hinter
dem narbengeländer an dem
halt ich mich fest krall
mich hinein tief
lass den nicht mehr los

so fest greif ich danach schneid
mich dabei selbst verbrenn mich
am metallgestrüpp narbengeländer

ich hol den raus
den moment aus dem sediment
wo der die augen aufreißt
den geb ich nicht mehr her

ich hab den tod gesehen

drum rum bauzaun finger
abdrücke maschinen künstliche
organe institutionen verordnungen drin

im gitter blutreste frisch vernähte
grenzen wohlstandsrhetorik drum rum offene
wunden was immer das auch heißt das
geht nur mich was an ihr
seid ja doch nur zaungäste historische die
vorüberziehen ich weiß jetzt wo sie endet eure
bauzaunschau schreit eine mit
verbundenen augen schreit ich hab zu tief
ins sediment geschaut wundwassertief hinein
bis zu den ohrwürmern hinunter jetzt über
dieses stück hinaus bleib ich
drin hier für ewig in den wundnähten im
metallgestrüpp bei den phantom
schmerzen fingerabdrücke drin im bauzaun

sind das
die meinen

ich behalt das jetzt für mich halt mich
fest hier am narbengeländer mit
dem schlafsack drin dem
weitverwehten aus dem viehwaggon europa
prometheus die schützende
hand des vaters die das feuer bringt
hängt fest für immer im
metallgestrüpp im bauzaun wundwassertief in
den frisch gezogenen nähten

sind das
die meinen

dann donnert ein zug vorüber

quest'e l'verno
ma tal che gioia apporte

der verfasser bedankt sich für lektüre
musik und zitate die die fahrt begleitet haben bei

max richter – sleep
antonio vivaldi – l'inverno
einstürzende neubauten – befindlichkeit des landes
rafael anton irisarri – a fragile geography
saskia sassen – ausgrenzungen
luis buñuel – der diskrete charme der bourgeoisie
sarah kane – 4.48 psychosis
maren kames – halb taube halb pfau

ende des dritten teils
der
klimatrilogie

vielen dank

Rebekka Kricheldorf

Laudatio anlässlich der Verleihung des Kleist-Förderpreises 2016 an Thomas Köck für *paradies fluten (verirrte sinfonie)*

Sehr geehrte Anwesende, lieber Thomas Köck,
obschon ich kein besonders routinierter Preisevergeber bin und erst wenige Male Mitglied einer solchen Jury war, bin ich zum zweiten Mal in der glücklichen Lage, demselben Autor einen Preis verleihen zu dürfen. Das kann nur drei Gründe haben. Erstens: Eine dunkle Macht zieht im Hintergrund die Fäden. Zweitens: Bestechung. Oder drittens: chronische Genialität des Autors. Da ich nicht an dunkle Mächte glaube, aber auch wirklich nicht die FIFA bin, kann es sich ja nur um Letzteres handeln.
Ich erinnere mich, im Verlauf der Jurysitzungen zum Osnabrücker Dramatikerpreis, den Thomas Köck für sein Debütstück *Jenseits von Fukuyama* erhielt, einen Mitjuror über das Stück-Konzept sagen zu hören: »Der lehnt sich aber sehr weit aus dem Fenster.« Ich dachte, ja, genau, endlich mal einer, der sich weit aus dem Fenster lehnt, der nicht bei halb geschlossenen Gardinen vorsichtig durch die Scheibe lugt, nein, einer, der das Fenster weit aufreißt und sich so weit rauslehnt, dass er fast den Halt verliert. Aber eben nur fast. Thomas Köck wollte schon damals, wenn nicht gar alles, so doch sehr, sehr viel, zumindest aber weit mehr als die meisten anderen.
Liest man sich die Pressestimmen zu *paradies fluten* durch, so schlägt einem nahezu einhellige Begeisterung entgegen. Allerdings sind die lobenden Worte recht martialischer Natur. Das Stück wird wahlweise als »Koloss«, »gewaltiger Brocken«, »Mahlstrom« oder »Text-Monster« bezeichnet. Es heißt, der Text sei »ausufernd« und »maßlos«. Es ist von »Überforde-

rung als ästhetischem und politischem Prinzip« die Rede. Ein Kritiker meint gar, beim Lesen »Wagners *Ring* gurgeln und brausen« zu hören.

Vor demjenigen, der das Stück nicht kennt, muss sich ein riesenhaftes, einschüchterndes Etwas manifestieren, unbezwingbar, elefantengroß und furchteinflößend. So schreibt ein Kritiker, dass es noch nicht geschafft wurde, den Text zu bändigen, ganz so, als sei er eine Bestie, die sich der Dressur in der Zirkus-Arena verweigert, die kein noch so versierter Dompteur in den goldenen Käfig der Spielbarkeit zu zwingen vermag.

Man wird das Gefühl nicht los, dass das Theater vor diesem Stück Angst hat. Eine Lustangst zwar, aber dennoch Angst. Es werden Sätze wie »fantastisch, aber unspielbar« gemurmelt. Der Text sei sich selbst genug, brauche die Bühne gar nicht, sei vielleicht eher ein Hörspiel … Hier böte sich ein Exkurs über das generelle Misstrauen an, das ein überdurchschnittlich gut geschriebener Text im deutschen Theaterbetrieb weckt, mit der sich logisch anschließenden Frage, ob der Theaterbetrieb vielleicht lieber schlechter geschriebene Texte hätte, die sich unaufwändiger und widerstandsloser einverleiben ließen. Aber das führt zu weit, zurück zum Stück:

Man kann im Fall von *paradies fluten* durchaus schon von einer kleinen Geschichte des performativen Scheiterns sprechen. Als Auftragsarbeit für das Theater Osnabrück geschrieben, wurde die dortige »Uraufführung« kurzerhand in »Choreografie nach dem gleichnamigen Stück« umgetauft, was nichts Gutes ahnen lässt. Die neu angesetzte Uraufführung am Staatstheater Mainz wurde unisono als misslungen bezeichnet. Nun bekommen wir gleich die Möglichkeit, zu beurteilen, ob der dritte Regiezugriff von Marie Bues den Text endlich zu fassen bekommt, da im Anschluss das Gastspiel des Theater Rampe aus Stuttgart gezeigt wird.

Aber ist dieses Stück tatsächlich diese noch nie dagewesene

Ungeheuerlichkeit, dieses Unding, dieses »Text-Monster«? Packen wir das Monster todesmutig am Genick, auf dass es sein wahres Gesicht zeige. Hier, bitte, *paradies fluten*: Es ist der erste Teil einer Klimatrilogie, deren zweiter Teil, *paradies hungern*, bereits geschrieben und zur Aufführung gebracht wurde. Der dritte existiert noch nicht. Das Stück beginnt schon mit einer kalkulierten Überforderung: Im inzwischen viel zitierten Personenregister empfiehlt der Autor, neben einem erschöpften Tanzensemble und einem ertrinkenden Symphonieorchester auch schlecht erinnerte Erinnerungen und die unsichtbare Hand des Marktes im Duell mit der unsichtbaren Hand des Autors auftreten zu lassen.

Im Weiteren hangeln wir uns an zwei Handlungssträngen und einem Leitmotiv einmal quer durch die Geschichte der Ausbeutung. Das Motiv ist hier der Rohstoff Kautschuk, dessen Abbau als kapitalistische Ursünde gezeigt wird, deren Konseqenzen uns bis in die Gegenwart hinein heimsuchen.

Erst folgen wir dem wirtschaftlichen Scheitern einer Familie von den Neunzigern bis in die nahe Zukunft. Ein Drei-Generationen-Dramolett, vom Autor als »tableau vivant der spätmoderne« bezeichnet, für dessen Entfaltung er nicht mehr als drei Szenen braucht. Diese Szenen erzählen uns mehr über die ökonomisch befeuerten Familienkrisen der Gegenwart als gar manches moderne Familienstück insgesamt. Über die Figur der Tochter, einer Tänzerin, die sich im Überlebenskampf auf Honorarbasis aufreibt, bekommt auch die Ausbeutungsmaschinerie Theater ihr Fett weg.

Dann werden wir von der unsichtbaren Hand des Autors ins 19. Jahrhundert geworfen, nach Manaus, Brasilien, in eine britisch-deutsche Kautschuk-Handelsstation, mitten hinein in die Finsternis der kolonialen Ausbeutung. Dort treffen wir auf folternde Gummibarone, die der Daseinsberechtigung der Natur, die sie zerstören, das Naturgesetz des Marktes entgegenhalten.

Als tapferer Antagonist stellt sich ihnen der Architekt und Idealist Felix Nachtigal entgegen, der im Dschungel eine Oper bauen soll, sich dann aber auf die Seite der unterdrückten Indios stellt.

Dieses 19. Jahrhundert ist, trotz zahlreicher historischer Verweise, kein ernst gemeinter Ausflug in die Vergangenheit, es wird durch den Fleischwolf der Gegenwart gedreht: Man trägt zwar Kolonialherren-Tweed, macht aber auch Status-Updates. Man ist des Kapitalismus finstere Vorhut, schießt dabei aber auch ganz spätkapitalistische Selfies. Bei Köck sind Fakt und Fake nicht so leicht zu trennen. Über die sogenannte Authentizität stellt er immer die sogenannte Wahrheit. Bezeichnend, dass er seinem Stück *kudlich (eine anachronistische puppenschlacht)* ein angebliches Zitat des titelgebenden Bauernführers von 1840 voranstellt, das dem popkulturell geprägten Zeitgenossen aber eher wie ein Songzitat der Band Tocotronic vorkommt. Kurz denkt man darüber nach, ob Tocotronic vielleicht bei *kudlich* abgeschrieben haben könnte, und schon geht man dem Köck'schen Kunstkniff der irreführenden Zitate-Zuschreibung in die Falle.

Aber zurück zum Text-Monster:

Zusehends verdichtet der Text seine pessimistischen Handlungsstränge und zieht die Schlinge um die Hälse seiner Figuren enger. Der Kleinfamilie bitteres Ende: Der Vater, der sich einst als »vogelfreier Mechanikermensch« in die Selbständigkeit begab, bleibt auf seinen Autoreifen sitzen und stirbt verarmt und demenzumnachtet in einem Krankenhaus. Die Tochter, von den Verhältnissen zermürbt und vom Neoliberalismus kontaminiert, verkauft das Haus ihrer Eltern und schiebt die Mutter ins Pflegeheim ab. Am Amazonas scheitert der Schöngeist Nachtigal an der Gier seiner Kontrahenten und seiner eigenen paternalistischen Selbstherrlichkeit.

Durchbrochen werden diese ganz schön actionreichen Szenen

von einer ominösen Materialflut, die allerhand mit sich reißt, ein Treibgut aus Sinn-Fetzen, Bildbruchstücken, Abstiegs-Biografien, Opferschicksalen, Begriffen und Definitionen. Auch der ein oder andere Markt wird angeschwemmt.
Das klingt dann so:

»es entsteigt der materialflut jetzt ein markt
(...)
der markt leckt schwer läuft aus der
bäumt sich auf es
fluten schnellen wirbel dieser markt
expandiert der
tut was er will teilt

beim abtauchen wieder die fluten gottgleich scheucht
krisengebiete in nichtchronologischer reihenfolge auf
gefolgt von humanitären interventionen die
hinter sich herziehen mit flugzeugträgern
einen rechtsstaat und sein nasses grab es

brechen eisberge am horizont und gletscher schmelzen
mehrere trennungen zerwürfnisse streits
beziehungskrisen wohin das auge reicht
weil der markt die alte sau die arschgeige spielt sich
schwer aufbäumt und herniederschäumt in den fluten«

Der Markt kommt hier recht antropomorph daher, fast scheint er das eigentliche Monster zu sein, das die ihn beschreibende Sprache angeblich sein soll; der Markt, der sich aufbäumt, herniederschäumt und gegen den kein Kraut gewachsen scheint. Wirklich? Weiter im Stück:

»es entsteigen der materialflut aufgescheuchte erinnerungen
ohne eigentümer
falsch erzählte geschichten und
längst vergessene möglichkeiten
das einzige kraut
das gegen den markt und seine vorstellungskraft gewachsen ist«

Wer also je in die missliche Lage geraten sollte, einen Markt bekämpfen zu müssen – und ich denke, da sind wir alle irgendwann so weit –, merke sich diese Köck'schen Waffen:
»Erinnerungen ohne Eigentümer«, »falsch erzählte Geschichten« und »längst vergessene Möglichkeiten«.
Das erste und das letzte Wort des Stücks aber haben zwei alte Frauen, die so wohlklingende Rollen-Namen tragen wie »Die von der Prophezeiung Vergessene« und »Die von der Vorhersehung Übersehene«. Postparzen, die uns lässig berichten, dass die Zukunft bereits hinter uns liegt, da die Sonne längst explodiert sei, bevor sie eine letzte Zigarette rauchen, sich noch schnell ihre Liebe gestehen und in ihren Klimakapseln traurig von der Bühne rollen.
So weit, so unvollständig. Aber ist dieser Text nun ein Monster?
Er mag vielschichtig sein, inhaltsgesättigt und wortgewaltig, aber eines ist er sicher nicht: Monströs. Dafür ist er viel zu fein komponiert, eine wahre »verirrte sinfonie« eben, wie es im Untertitel heißt. Nicht nur die Tempi-Angaben, die den Szenen vorangestellt sind, verweisen auf die Musikalität, sondern Klang und Rhythmus der Sprache selbst. Ein Sprechtext. Ein Spieltext. Ein Singtext. Ein Tanztext. So vieles wäre mit diesem Text möglich, wenn man sich nur traute. Also bitte, liebes Theater, gib dir mal ein bisschen Mühe!
Thomas Köck beherrscht die von ihm orchestrierte Bilderflut bis in die letzte gewagte Metapher hinein. Er fügt den auf den

ersten Blick willkürlich zusammenassoziierten Wirrwarr aus narrativen Fetzen zu einem großen, wohldurchdachten Ganzen. Es überrascht nicht, dass der Autor musikalisch sozialisiert ist, wie es in seiner Vita heißt. Ach ja, die Autoren-Vita. Was muss, soll, kann man über Thomas Köck wissen? Er kommt da her, wo die Weltklasse-Dramatiker auf den Bäumen wachsen, nämlich aus Österreich. Genauer gesagt Oberösterreich, Steyr, wo er 1986 geboren wurde. Er studierte Philosophie, Literaturwissenschaften und Szenisches Schreiben in Wien und Berlin. Er konnte schon einiges an Preisen und Stipendien einheimsen, so zu den bereits genannten auch den Else-Lasker-Schüler-Stücke-Preis, das Thomas-Bernhard-Stipendium des Landestheaters Linz und das Wiener Dramatikerstipendium. Wäre ich eine Postparze, so prognostizierte ich, dass er den Lenzpreis, das Stipendium der Villa Massimo und den Mülheimer Dramatikerpreis auch noch kriegt. Sein neuestes Stück, *kudlich (eine anachronistische puppenschlacht)*, wird im November im Schauspielhaus Wien uraufgeführt. Sein Theaterverständnis, so sagt er, sei vom Tanz geprägt. In der letzten Spielzeit war Thomas Köck Hausautor am Nationaltheater Mannheim. Er schreibt nicht nur Stücke, sondern auch kleinformatiger gegen die alarmierende politische Lage an, zum Beispiel auf der Facebookseite »Nazis und Goldmund – Poesie gegen Rechts«. Er betreibt einen Blog namens »toterpraktikant«. So. Und alles Weitere googeln Sie bitte selbst. Zurück zum Text-Monster:

Man könnte meinen, man habe es hier mit dem beliebten Genre der Diskursdramatik zu tun. Die Belesenheit des Autors ist offensichtlich, die Bandbreite an Kenntnissen in Kulturgeschichte, Politischer Theorie und Philosophie groß, die Haltung kapitalismuskritisch. Trotzdem verkneift sich der Text jeden belehrenden Gestus. Der Markt wird analysiert, der Neoliberalismus seziert, aber welch große, globalisierungsskeptische Bögen er auch schlägt, welche Diskursmassen er auch durchpflügt, es geht dem Autor letzten Endes immer um die Auswirkungen auf das Individuum. Die Introspektive seiner Figuren ist immer auch Außenbeschreibung und frei von psychologischem Selbstbespiegelungs-Kitsch. Für alle Figuren hegt Thomas Köck trotz kluger und oft bitterböser Diagnose eine große Empathie: Ob demenzkranker Vater auf dem Sterbebett oder der an sich selbst gescheiterte Felix Nachtigal, alle werden mit Verständnis gezeichnet, ohne sentimental viktimisiert zu werden. Ob Katalysatoren, Trittbrettfahrer, Opfer oder Nutznießer des Kapitalismus: Sie bleiben Spielbälle in diesem ökonomischen und ökologischen Katastrophenstück, dessen wahrer Super-Über-Protagonist die unsichtbare Hand des Marktes ist.

paradies fluten beweist auch dem hinterletzten Schwarz-Weiß-Denker in den Stadttheater-Dramaturgien: Wenn etwas klug ist, kann es trotzdem sinnlich sein. Wenn etwas politisch ist, kann es trotzdem poetisch sein. Wenn etwas postdramatisch ist, kann es trotzdem dramatisch sein.

Wofür man früher ungefähr vier Stücke brauchte, braucht man jetzt nur noch einen Köck. Ein Köck ist so gehaltvoll wie vier Nicht-Köcks. Nimmt man einen Köck, spart man sich: Ein Familiendrama. Ein Historienstück. Einen Polit-Thriller. Und eine postdramatische Textfläche auf aktueller Diskurshöhe. Und noch einen Lyrikband. Und ein Regalbrett Bände Suhrkamp Wissenschaft.

Mit *paradies fluten* hat Thomas Köck ein neues Genre geschaffen, die »Neue deutsche Überwältigungsdramatik«. Als erster und vorerst auch einziger Vertreter dieses Genres steht er damit ganz schön einsam in der Theaterlandschaft und ragt fröhlich über sie hinaus.

Viel wäre zu *paradies fluten* noch zu sagen, der Stoff geht mir noch lange nicht aus, aber ich überlasse es kommenden Magisterarbeiten, sich mit Themen zu befassen wie: »Die Bedeutung der 90er-Jahre im Œuvre des Thomas Köck«, »Ironie und Intertextualität im neuen politischen Schreiben« oder »Konsequente Interpunktionsfreiheit in der Dramatik der 80er-Jahre bis heute«.

Nur eines noch kurz: Humor. Köck'scher Humor ist oft sprachverspielt und kommt gern mit fiesem Doppelsinn daher. Es finden sich viele Sätze, die einem das berühmte Lachen im Halse stecken bleiben lassen. Die beiden lustigsten stehen am Schluss, sind sehr kurz und von einer zunächst leisen, im Abgang jedoch brüllenden Komik.

Ganz am Ende, nachdem er uns sechsundachtzig Seiten lang Figuren, Schauplätze, Schicksale und Themenfelder um und in die Ohren schleuderte, schreibt der Autor lapidar: »Bis hierher erst mal. Vielen Dank.«

Lieber Thomas Köck,

ich gebe zu, dass mich, als ich diesen Jury- und damit auch diesen Laudatoren-Job annahm, eine gewisse Angst davor umtrieb, hier stehen und lügen zu müssen oder zumindest ein wenig heuchlerisch beschönigen, falls ein eher mittelmäßiger Text das Rennen machen würde. Ich bin dir also schon aus schnödem Eigennutz dankbar, dass du mich mit deinem überwältigenden Stück, dem ich hiermit offiziell die despektierliche Bezeichnung »Monster« für immer und ewig abspreche, vor dieser Situation bewahrt hast. Dieses Stück ist kein Monster, es ist ein großes Geschenk. Bis hierher erst mal. Vielen Dank. Und: herzlichen Glückwunsch!

Frankfurt / Oder, 6. Oktober 2016

Rebekka Kricheldorf, 1974 in Freiburg im Breisgau geboren, ist Dramatikerin und lebt in Berlin. Ihre Theaterstücke werden vertreten vom Kiepenheuer Bühnenvertrieb.

Chöre sind unsterblich

Nina Peters im Gespräch mit Thomas Köck über seine Klimatrilogie

NINA PETERS Die Klimatrilogie, *paradies fluten*, *paradies hungern*, *paradies spielen*, ist abgeschlossen. Wie hat alles angefangen?

THOMAS KÖCK Ich glaube, mit dem Konzept der »Hyperobjects« von Timothy Morton, das Objekte bezeichnet, die in Zeit und Raum so massiv verstreut sind, dass sie nicht raumzeitlich identifiziert werden können – wie der Klimawandel zum Beispiel. Wo fängt er historisch an? Hat er einen kulturellen Ursprung oder einen natürlichen? Ist so ein Hyperobjekt nicht etwas, bei dem Oppositionspaare wie natürlich und künstlich fließend werden? Sind chinesische Wanderarbeiter, deren Böden aufgrund eines jahrhundertelangen Rohstoffmissbrauchs austrocknen, am Ende sogenannte Klimaflüchtlinge oder sogenannte Wirtschaftsflüchtlinge? Machen diese Kategorien überhaupt Sinn und was verschleiert man damit? Wer ist der Urheber dieser Bezeichnungen? All diese Fragen und ihre historischen Spuren führen am Ende zu dem Gedanken, dass nichts auf dieser Welt sich die Ausrede erlauben darf, natürlich zu sein – und deshalb unumstößlich und ewiggültig. Als ich dir damals von der Idee erzählt habe, eine Trilogie über den Klimawandel zu schreiben, hast du mir *Klimakapseln* von Friedrich von Borries geschickt. Das war der entscheidende Hinweis, und so nahm die Apokalypse ihren Lauf.

NINA PETERS Stichwort Apokalypse: In *paradies fluten* treibt die Sprache einer Sintflut gleich die Materialien, Figuren, Standbilder, Szenen vor sich her. Was stand am Anfang dieses Stückes? Die Bilder?

THOMAS KÖCK Am Anfang waren Bilder – tatsächlich. Und Erinnerungen. Jede Menge. Eigene, gesellschaftliche, mögliche, unmögliche, fiktive, zitierte, ausgedachte, falsche, schlechte, gute und solche, die noch nicht einmal stattgefunden haben. Um einen zivilisatorischen Prozess in einer großen Parade vorüberziehen zu lassen, mit Instrumenten, Geschichten, Chören usw. All das, was möglich gewesen sein wird in einer Welt.

NINA PETERS Allen deinen Stücken gehen ausgiebige Recherchen voraus, bei *paradies fluten* warst du u. a. auch im Institut für Klimaforschung in Potsdam. Kannst du umreißen, wie du recherchierst?

THOMAS KÖCK Es ist nicht so, dass ich explizit zum Thema Klima recherchiere. Oder zum Thema Arbeitslosigkeit oder Demenz und die Texte interessante Fakten transportieren. Das Thema muss mich angehen, damit ich überhaupt recherchieren kann. Sonst fehlt einem schon die erste Frage. Ich versuche eher zu begreifen, wie all diese Dinge Auswüchse, Spuren, Sedimente einer bestimmten Politik sind, einer bestimmten ökonomischen Ordnung und einer spezifischen historischen Struktur.

NINA PETERS Welches Ordnungssystem findest du für dein Material?

THOMAS KÖCK Oje. Ich würde gern mit einem Screenshot antworten. Meistens leider lange gar keins. Ich häufe eher an. Und erstelle Listen, Sammlungen und eben Materialberge. Mit Ordnungssystemen bin ich sehr schlecht.

NINA PETERS Wie sieht dein Dialog mit dem »Material« aus?

THOMAS KÖCK Am Ende diktiert immer die Sprache dem Material, was es zu tun hat. Am Anfang ist das umgekehrt: Da schält sich eine Sprache aus dem Material heraus, da ist es so, dass mir diktiert wird, dass ich abschreibe, aufschreibe – eine Sprache aus dem Material entsteht. Diese Sprache wächst allerdings und wuchert, bis sie selbstständig wird, sich um das Material herumlegt und selbst in der Lage ist, das Material umzuformen. Dann werden Möglichkeiten erahnbar, die versuche ich auszubuchstabieren, mit allen Widerständen, die Sprache nun einmal so mit sich bringt.

NINA PETERS Was steht für dich hinter dem Begriff »Klima«?

THOMAS KÖCK Etwas, das seltsam ist und unheimlich zugleich. Weil es nur eine Summe aus zig Prozessen ist, die sich an einem bestimmten Ort über einen bestimmten Zeitraum wiederholen, so dass die Summe dieser Prozesse, die aufeinander einwirken, als Klima identifizierbar ist. Das Klima ist seltsam, weil es überzeitlich ist, eine Eigengeschwindigkeit besitzt und sich der menschlichen Verantwortung scheinbar entzieht. Das, was wir Leben, Zivilisation nennen, war nur aufgrund ganz spezifischer klimatischer Bedingungen möglich. Wenn man vom Klima spricht, meint man meistens etwas Natürliches. Gleichzeitig werden die Grenzen in diesem Begriff zwischen Mensch und Umwelt, Natur und Kultur fließend. Es wird kompliziert zu sagen, hier endet der Einflussbereich der Natur, dort beginnt die Sphäre des Menschen und der Kultur. Man beginnt automatisch über Geschichte nachzudenken, über Schuldfragen, über Verantwortung, über größere Zusammenhänge. Das Klima ist für mich zu einer produktiven Metapher geworden, in der sich all diese Fragen bündeln lassen. Was mich interessiert hat, waren historische Prozesse und die Natur dieser Prozesse. Eine Naturalisierung ist nie natürlich. Da steckt immer, wie bei der Geschichte, ein Autor dahinter. Sichtbar oder unsichtbar.

NINA PETERS Deine Texte sind durchzogen von historischem »Material«, die Gegenwart wird, wie bei Heiner Müller etwa, in Bezug gesetzt zur Vergangenheit. Das kennzeichnet deinen ganz eigenen Erzählstil. Hast du dafür ein literarisches Vorbild?

THOMAS KÖCK Heiner Müller ist sicherlich sehr wichtig. Aber mein wichtigster literarischer Einfluss ist wahrscheinlich Michel Foucault und seine Texte über die Gouvernementalität. Von dem hab ich eigentlich fast alles gestohlen.

NINA PETERS Sediment ist ein Bild, das du in deinen Texten, vor allem in *paradies hungern* und *paradies spielen*, gerne zitierst. Was ist der Ursprung dieses Bildes?

THOMAS KÖCK Donna Haraway sagt, we're not post-humans, but com-post. Eine ähnliche Bedeutung hat für mich das Sediment. Es ist witzig, dass du Ursprung sagst, genau darum gehts. Um Ursprünge. Das Sediment ist zum einen ein Begriff, der etwas Natürliches, etwas vermeintlich Ursprüngliches bezeichnen soll, eine Schicht im Boden. Man muss im historischen Sediment wühlen, sich durch Dokumente arbeiten, vergessene Geschichten ausgraben, alles umgraben, wenn man verstehen will, woher das, was heute als alternativlos gilt, kommt. Im Sediment sind diese vergessenen Optionen alle noch ablesbar. In den Gesteinsschichten sind die vergessenen Utopien gespeichert.

NINA PETERS In *paradies fluten* gibt es, neben der Materialflut, zwei Erzählungen: Eine spielt im Amazonas Ende des 19. Jahrhunderts, wo die Kolonialisierungsbestrebungen des Westens anhand des Kautschukabbaus aufgezeigt werden. Eine andere beschreibt eine Kleinfamilie Ende des 20. bis ins 21. Jahrhundert. Die Selbstausbeutung des Vaters, der als Reifenhändler eine eigene Existenz gründet, findet in der prekären Existenz der Tochter, einer freiberuflichen Tänzerin, eine Fortsetzung. Stehen hinter diesen Geschichten reale Personen? Wie wichtig sind diese für dein Schreiben?

THOMAS KÖCK Es gibt reale Einflüsse dahinter. Aber die verändern sich stark im Schreiben. Ich weiß nicht, ob die nicht verschwimmen während der Arbeit. Ich tue mich aber mit der Trennung schwer. Denn wo fängt das Reale an, wo hört die Fiktion auf? Man stellt die reale Person und die fiktive Figur einander alltagssprachlich gegenüber. Ich mag den Begriff Figur, der ist interessant, weil er eine Wendung bezeichnet. In der Musik ist er etwas im Verschwinden Begriffenes, das nur in einem kurzen Moment erscheinen kann, zwischen zwei Zuständen, als Spur. Und wahrscheinlich brauche ich dieses reale Material, an dem ich mich in der Arbeit reiben kann, damit dazwischen, in der Kollision für einen kurzen Moment so etwas wie eine Figur aufblitzen kann.

NINA PETERS Welche Figuren sind erzählenswert?

THOMAS KÖCK Alle, die etwas zu erzählen haben.

NINA PETERS Das Ende von *paradies fluten* skizzierst du als Dialog zwischen zwei Postparzen. Sie stehen am Schluss eines Höllenritts durch die Geschichte des Kapitalismus, der Globalisierung, der Klima- und Kolonialgeschichte. Deine Weltentwürfe sind in der Klimatrilogie allesamt Dystopien. Warum?

THOMAS KÖCK Mich interessiert die Versöhnung nicht. Auf literarischer Ebene. Eine Utopie ist dort am deutlichsten sichtbar, wo die Probleme benannt und ausformuliert werden und eine mögliche Lösung im Raum steht, aber – so wie eine Figur – als Wendung, als Umschlag, als etwas im Verschwinden Begriffenes, das ausformuliert in sich zusammenbrechen würde. Deshalb ist für mich als Autor der Prozess des Schreibens das Befreiende, darin liegt die Utopie. Das Anklagen der Probleme, das Benennen und die Sichtbarmachung der Zusammenhänge. Wenn für die LeserIn und die ZuschauerIn Zusammenhänge sichtbar werden, wird Geschichte veränderbar. Um das zu zeigen, braucht es oft derbe Bilder, damit die Zusammenhänge in der Kollision der derben Bilder zumindest für einen verschwindend kurzen Moment sichtbar gemacht werden können. Aber ich bin skeptisch, was die Opposition Utopie / Dystopie anbelangt und die Forderungen an Kunst. Ich suche automatisch das Dritte. Und ich glaube, man sollte lieber wieder einen Begriff der Nicht-Versöhnbarkeit in der Kunst stark machen. Da würde es nicht um Dystopie oder Utopie gehen, sondern um Widerstand. Und der interessiert mich mehr.

NINA PETERS Was bedeutet das für das Menschenbild? Deine Figuren sind bedingt handlungsfähig, sind vielmehr »Menschenmaterial« im Mahlstrom der großen geschichtlichen Entwicklungen.

THOMAS KÖCK Die Figuren kommen nicht aus einem Menschenbild her, sondern sind eher Ergebnisse einer Sprache. So wie Menschen ja auch nur Replikatoren der sie umgebenden Diskurse sind. Und sich ständig dagegen zu wehren versuchen. Eigentlich fange ich immer an mit Figuren, die sich gegen ihr Leben wehren. Die sich gegen das, was sie sagen müssen, wehren, gegen das, zu dem sie erklärt werden. Die Grundhaltung fast aller Figuren ist zu Beginn ein lautes und deutliches NEIN.

NINA PETERS Du hast ein Faible für das Futur II, warum?

THOMAS KÖCK Das ist eine sehr schöne Zeitform, eben auch eine utopische. Die hat etwas Messianisches, »es wird gewesen sein«. Das ist auch eine Zeitform, die uns jetzt und hier gerade aus dem Präsens herausreißt, dem Terror der ständigen Gegenwart, der andauernden Verfügbarkeit. Im Futur II kann man sich selbst immer schon aus der Zukunft heraus betrachten, wie als Leichnam. Man wird gewesen sein. Und man stellt automatisch die Frage, welche Spuren man hinterlassen möchte, aber auch, welche Verantwortung gegenüber der Zukunft man hat. Und dass alles, was man getan, gedacht und geschrieben haben wird, eben gedacht sein wird, vergangen, schon jetzt, wo wir miteinander gesprochen haben werden. Es ist eigentlich fast schade, dass man so wenige Zeitformen zur Verfügung hat und so abgestumpft ist in deren Benutzung, dass man sich hauptsächlich auf die Vergangenheit und das Präsens konzentriert. Das Präsens ist ja eine komplett terroristische Zeitform. Es gibt sicher eine ganze Reihe von ausgestorbenen oder verschollenen Zeitformen, die einen ganz anderen Umgang mit Zeit ermöglichen würden, die müsste man mal ausgraben.

NINA PETERS Welche zehn Songs würdest du als Postparze in eine Klimakapsel mitnehmen?

THOMAS KÖCK Also Musik für das Ende der Welt?

NINA PETERS Genau.

THOMAS KÖCK Das ist dann quasi wie die Tracklist für die eigene Beerdigung. Das ist sicher die schwierigste Frage. Es gibt ja naheliegende Songs, von R. E. M. zum Beispiel *It's The End Of The World (As We Know It)* oder von Tom Waits natürlich *Earth Died Screaming*. Persönlich würde ich einpacken: Rafael Anton Irisarri. Das Album *A Fragile Geography* ist ganz fantastisch und entstand aus einem erzwungenen Minimalismus heraus, nachdem dem Komponisten sein gesamtes Equipment gestohlen wurde. Das Album kann man schon mal durchhören, während man in Richtung der Polarlichter rollt. Dazu passend, *1979* von Deru. Darauf hat mich ein musikalisch versierter Regisseur gestoßen. Das Album funktioniert wie eine Zeitschleife. Passt also gut in die Kapsel. *Heite grob ma Tote aus* von dem österreichischen Songwriter Voodoo Jürgens ist Standard in jeder ordentlich sortierten Klimakapsel. Eigentlich das Gleiche, nur in Englisch, ist *Life Is A Pigsty* von Morrissey, das sollte direkt anschließen, während man über die sibirischen Steppen rollt. Und, sobald man sich den Küsten nähert: *Rettet die Wale* von Gustav. *It's Oh So Quiet* von Björk, im Angesicht des Untergangs. *Accordion* von Madvillain, alternativlos. *Pedestrian at Best* von Courtney Barnett, immer wenn einem unterwegs Berge oder schlechte Erinnerungen in die Quere kommen. Von Bob Dylan *Desolation Row*, Dylans *Waste Land*. Ohne Dylan in der Kapsel, das geht aus kanontechnischen Gründen schon nicht. *Schatten werfen keine Schatten* von Tocotronic. Oder *Pure Vernunft darf niemals siegen. Push the Sky Away* von Nick Cave – oder alternativ: *Weeping Song*. Selbsterklärend. Den Abschluss macht logischerweise *DMD KIU LIDT* von Ja, Panik, denn das, was uns zerstört, will uns gleich schon reparieren. Das ist *The Waste Land* der Spätmoderne. Und damit wäre alles gesagt. Sind das schon zehn? Und wenn man dann glaubt, alles ist vorbei, setzt doch noch einmal einfach so, out of the blue, Neil Young ein von einem Weltmeer zum anderen, *Hey Hey, My My!*

NINA PETERS Du hast mal wieder überzogen. Deine Stücke weisen oft im Abspann eine Playlist auf. Schreibst du auch mit Musik?

THOMAS KÖCK Meistens. Das ist zum einen ein ganz guter Gegenpart, gegen den man ankommen muss. Zum anderen lenkt sie einen vom bloßen Sinn weg zum Sound. Das Ermüdende an Sprache ist ja, dass sie so sinnfixiert ist. Oder, dass wir ihr das als Aufgabe unterstellen. Umgekehrt würde keiner von einer Melodie erwarten, dass sie einem erklärt, was Ökonomie ist, keiner würde von einem Gedicht erwarten, dass es die Deregulierung der Märkte erklärt – wobei das sicher gute Lyrik wäre. Und gerade im Theater, wo doch Menschen live sprechen, nur mit ihrer Stimme und ihrem Körper ausgestattet, also ein konzertantes Setting, will man als Autor den Spielern eine Sprache geben, die sie auch und vor allem körperlich affiziert, die einen Rhythmus mitliefert, den man aufnehmen oder dem man sich entgegenstellen kann. Und um einen Raum zu schaffen, in dem ich diese Sprache finde, hilft mir die Musik. Es kostet eine ziemliche Energie, aus einer Sprache wie der deutschen einen Sound zu machen. Und das ist ja die eigentliche Arbeit, den Ton zu finden – nicht das Thema, nicht den Inhalt, nicht die Geschichte. Alles läuft über den Ton.

NINA PETERS In deiner Vita steht – und das ist dir wichtig – du seist durch Musik sozialisiert. Was heißt das?

THOMAS KÖCK Ich meinte das so, wie es da steht. Man fragt sich ja, was waren prägende Momente der eigenen Entwicklung? Meine prägendsten Erlebnisse spielten sich in der Subkultur ab. Und darauf hinzuweisen ist mir wichtig. Dass ich mich in meinem ganzen Denken und Tun als Musiker betrachte. Dadurch habe ich gelernt, mit anderen zusammenzuarbeiten, gemeinsam zu komponieren, als Gruppe etwas auf die Beine zu stellen, Videos zu schneiden, Tonspuren zu mischen, Gendertheorie in Songtexten zu diskutieren, zu kooperieren und Banden zu bilden. Nur habe ich irgendwann an der Rolle des *angry young man* auf der Bühne gezweifelt, ich wollte plötzlich nicht mehr auf der Bühne stehen und Musik machen, weder im Vordergrund noch im Hintergrund. Weil ich nicht mehr wusste, als wer oder was ich da jetzt gerade stehe, für wen ich spreche. Dieses Hadern hat mich zur Performance und schließlich zum Schreiben fürs Theater geführt. Deshalb ist mir der Hinweis wichtig. Außerdem hat die relevanteste deutschsprachige Literatur der letzten zwanzig Jahre der Diskurspop geschrieben. Und da komme ich nun einmal her.

NINA PETERS Und auch wegen dieser Schule sampelst du auch in deinen Texten so gerne fremde Texte?

THOMAS KÖCK Genau.

NINA PETERS Ich glaube, dass dein Schreiben auch durch die Arbeit deines Vaters geprägt ist, der Tischler ist. Kannst du damit etwas anfangen?

THOMAS KÖCK Ja, und meine Mutter arbeitet bei einer Bank, daher meine manische Beschäftigung mit dem Kapital. Aber tatsächlich habe ich eine bestimmte Prägung: Ich verstehe meine Arbeiten nicht als unberührbares Kunstwerk, sondern als Material. Material, mit dem man arbeiten kann, das verformbar ist und sich in einem ständigen Veränderungsprozess befindet. So wie ein sogenanntes Naturprodukt wie Holz bearbeitet, verändert werden kann. Ich bin mit einem bestimmten Bild von Arbeit und Handwerk aufgewachsen und von früh auf mit Maschinen, Verarbeitung, Lärm und Rohstoffen konfrontiert gewesen. Und selbst verstehe ich mich als ein kontinuierlich produzierender Handwerker. Auch wenn die Texte nicht nach klassischem dramatischen Handwerk aussehen. Aber was heißt schon »klassisch« in der Spätmoderne?

NINA PETERS In deinen Texten haben die Figuren zwar Dialoge, allerdings sprechen sie auch Regieanweisungen mit oder erzählen in indirekter Rede von sich selbst. In dieser Erzählhaltung, die das subjektorientierte Sprechen auf der Bühne vermeidet, erinnern deine Texte an die von René Pollesch, Elfriede Jelinek oder Katrin Röggla. Sind das literarische Vorbilder für dich?

THOMAS KÖCK Auf jeden Fall. Da fehlt allerdings noch Wolfram Höll.

NINA PETERS Welche Theaterliteratur begeistert dich?

THOMAS KÖCK Jede, die in ihrer Form widerständig ist und einen eigenen Sound hat.

NINA PETERS Welches Theater war und ist prägend für dich?

THOMAS KÖCK Auch da gilt eigentlich jedes Theater, wo Widerstand, Haltung und Sound vor der Dienstleistung steht. Theater ist eine Kunstform. Und wo sich das einlöst und mir nicht erklärt wird, dass da jetzt ein themenorientierter Publikumsfänger abgespult wird, um das Abo zu füttern, fühle ich mich wohl. Rückblickend prägend war die Performance- und Tanzszene in Wien um 2006/07.

NINA PETERS Mit dem schauspielerischen Mittel der Identifikation kommt man bei deinen Texten auf der Bühne nicht weit. Sie fordern die DarstellerInnen dazu auf, die Texte »mitzuschreiben« in dem Sinne, dass sie für sich erst einmal klären müssen, als wer sie auf der Bühne etwas verhandeln. Wolfram Lotz und Hannes Becker haben diese Erzählhaltung in ihren »27 Forderungen an das Theater« so formuliert: »Niemand kann sich hinter einer Rolle verstecken. Niemand kann sagen, sie habe auf der Bühne nicht selbst gehandelt. Niemand kann sagen, er habe auf der Bühne nur eine Anweisung erfüllt.« Passt das für dich? Willst du das ergänzen?

THOMAS KÖCK Ich unterstreiche. Und male ein Ausrufezeichen an den Rand der Seite.

NINA PETERS Du magst die totale Überforderung des Theaters durch Bilder und Sprache. Und die beginnt bereits mit der Figurenauswahl. Was passiert im besten Fall durch eine solche Überforderung?

THOMAS KÖCK Im besten Fall führt eine Überforderung zu einer erhöhten Aufmerksamkeit seitens der Betrachtenden. Genauso wie bestimmte Regieanweisungen auf das Theater selbst verweisen, auf seine Bedingungen und Möglichkeiten und man beim Lesen über diese Räume beginnt nachzudenken, über ihre Abhängigkeiten, über ihre Größe, über das Licht, über die Stimmen, die hier schon gesprochen haben und vernommen wurden, über ihren Wahnsinn, über ihre Schönheit, über ihre Zerbrechlichkeit. Theater ist ursprünglich Raum. Auf keinen Fall leer oder so, sondern Raum unter Spannung. Sozialer, diskursiver, ökonomischer. So wie eine aggressive Verlangsamung oder ein starker Minimalismus in den Zeichen die eigene Aufmerksamkeitsökonomie in Frage stellt, ist auch Überforderung etwas, das über den Affekt eine starke Wirkung entfalten und tradierte Sehgewohnheiten aus der Verankerung reißen kann. Was in der modernen Kunst eigentlich nichts Neues ist. Auch im Theater nicht. Nicht die wohltemperierte Dramaturgie, alles führt am Ende zusammen und ich verstehe, woher was kommt. Das interessiert mich nicht. Und es wäre auch dem Material gegenüber, das mich interessiert, irgendwie unangemessen.

NINA PETERS Es gibt in deinen Texten unterschiedliche Strategien, um eine Distanz herzustellen zum Erzählen auf der Bühne. Eine ist die Installation von Chören. Welche Rolle spielt der Chor in deinen Texten?

THOMAS KÖCK Die Chöre sind das theatereigenste Mittel – neben dem Raum. »Chöre sind unsterblich«, meinte mal ein Dramaturg, das fand ich treffend. Weil die nicht den Bedingungen von Individuen unterliegen. Und sie erlauben es mir als Autor, dem Theater von einer anderen Seite zu begegnen als über Handlung, Figur, Psychologie oder was weiß ich. Chöre heißt erst einmal Stimme, und zwar die eigene, keine abstrahierte, sondern die ganz eigene, die mich angeht. Und die hörbar zu machen, war in den letzten Jahren mein Versuch. Und da war der Chor der Schlüssel dazu. Chor heißt Sprache, die frei flottiert, die sich bewegen kann, ohne die Frage, wer spricht das gerade, passt das zu der Figur? Das hält wahnsinnig auf. Für mich beginnt jeder Text über Chöre. Und jede Figurensprache kommt aus einem chorischen Gestus, aus einer chorischen Energie, in der theoretisch alle Figuren im Stück aufgehoben sind. Ich käme keine zwei Seiten weit, wenn ich mit einer Figur anfange, deren Problem ich mir überlege, und dann steht die da auf meinem Bildschirm herum und erzählt mir ihr Problem. Das fände ich ziemlich befremdlich, dieses Bild.

NINA PETERS Du reflektierst ästhetische Fragen in kurzen Essays. Und dein theoretisches Grübeln über den Theatermarkt, deine Rolle darin oder ästhetische Fragen schreiben sich ein in deine dramatischen Texte. So ist ein eigenes Genre entstanden, so etwas wie die Anweisungen des Autors Thomas Köck an die Regie zu Beginn der Stücke, die Vorschläge formulieren oder auch Forderungen, wie die Ästhetik der Texte zu verstehen, was bei Besetzungsfragen zu beachten sei. Der Autor positioniert sich, gibt sich zu erkennen und formuliert schon mal seinen Argwohn der zeitgenössischen Theaterpraxis gegenüber. Es müssen nicht »27 Forderungen« sein, aber was sind deine wichtigsten Forderungen an das Theater?

THOMAS KÖCK Ich dachte immer, die liegen in meinen Texten vor wie ein offenes Buch.

NINA PETERS Deine theoretischen Texte sind literarisch, deine dramatischen Texte durchzogen von theoretischen Überlegungen. In dem Text *Ein Kammerorchester, ein Cyborg und noch viel mehr Bilder* etwa, der im logbuch der Suhrkamp-Homepage steht, imaginierst du eine Theaterprobe, auf der ein Regisseur zu einer Schauspielerin sagt: »Du behauptest etwas, du kleisterst etwas drüber, du spielst mir etwas vor.« Und für die Rolle des Autors bedeute das: »Du behauptest etwas, um dich zu schützen, du fliehst in die Fiktion.« Was könnte das bedeuten, die Flucht in die Fiktion?

THOMAS KÖCK Die Frage ist interessant, weil der Beitrag, den du zitierst, von einem Text erzählt, den ich zu entwickeln hatte auf Basis von Bildern aus dem Alltag einer Person. Diese Bilder wurden im Laufe eines Tages mit einer Bodycam alle dreißig Sekunden geschossen. Am Ende hatte ich dann mehr als 1400 Bilder aus dem Leben einer älteren Liechtensteiner Puppenbauerin aus der Perspektive ihres Schlüsselbeins – die Kamera war da am T-Shirt festgemacht. Beim Durchschauen der Bilder hatte ich mehr und mehr das Problem, dass mir dieses »reale« Material zu intim war. Zu intim, um eine fiktive Figur zu erfinden, um damit die Befremdlichkeit dieses Einblicks zu neutralisieren. Da störte mich die Fiktionalisierung, weil es kein dokumentarisches, historisches Material war, sondern privates. Man sieht das Wohnzimmer, das Bett, den Ausblick, die von Altersflecken übersäte Hand am Türgriff. Es gibt keine Brechung darin. Das war eine Herausforderung – und ich hätte nie gedacht, dass mich das so beschäftigt. Was mich normalerweise interessiert, ist das historische Material, die größeren Zusammenhänge, wieder herunterzubrechen. Und plötzlich hatte ich es mit diesem persönlichen Einblick zu tun, in verwackelten, unscharfen Bildern, die eher so aussahen, wie man sich Erinnerungsfetzen vorstellt. Nur hatte ich das Gefühl, jede Art von Sprache, die man über diese Bilder hinweg fiktionalisiert, raubt ihnen genau dieses gespensterhafte Eigenleben. Ich dachte, ich will gar nichts zu ihnen sagen, ich will, dass man sie fast kontextfrei betrachten kann. In ihrer Fülle. Und eben nicht in die Fiktion fliehen, so tun, als hätte ein Autor immer die Aufgabe, sich irgendwas »über etwas« auszudenken.

NINA PETERS Und was bedeutet das in Bezug auf dein »Recherchematerial«?

THOMAS KÖCK Ich habe während dieser Arbeit gemerkt, mein Material, meine Dokumente sind selten so intimer Natur. Oder bis jetzt nicht. Ich beziehe mich auf historische Dokumente, Augenzeugenberichte und benutze die vor allen Dingen, um eine verdichtete, aufgeladene Sprache damit herzustellen. Damit ich am Ende sagen kann, nichts ist mutwillig erfunden, alles bezieht sich auf etwas, die Texte reiben sich immer am Material. *paradies hungern* zum Beispiel ist unter anderem gespeist von Gesprächen mit Reportern, Kriegsberichterstattern, Menschen, die aus Krisengebieten berichten. Daraus entstand die Figur der Kriegsberichterstatterin. Das kann die Fiktion auf der Bühne: das Material so verdichten, dass sich in der Kollision des Materials im besten Fall dieser emphatische Begriff der »Wahrheit« abzeichnet, den Sergej Eisenstein anstelle der Wirklichkeit ins Feld geführt hat. Oder man hält es mit Thomas Pynchon, der einmal über seine Arbeit sagte: Was wir hier erzählen, ist nicht die Welt, aber mit ein, zwei kleinen Änderungen könnte sie es vielleicht sein. Das fasst doch die Möglichkeit von Fiktion ganz gut zusammen. Nichts hat sich so ereignet, und doch ist nichts erfunden. Man spürt die Welt durchblitzen, in einem im Verschwinden begriffenen Moment. Als Spur. Als Verweis. Als Hinweis.

NINA PETERS All deine Texte, auch die Trilogie, sind gekennzeichnet von einer Dramaturgie der Gleichzeitigkeit. Einer Gleichzeitigkeit von Ereignissen, von unterschiedlichen Zeiten oder auch von Bildern, wie sie uns die Medien vor Augen führen.

THOMAS KÖCK Diese massenmediale Gleichzeitigkeit meint meistens einfach, alles ist gleichzeitig präsent und komplett unsortiert verfügbar. Das Terrorpräsens. Die Gleichzeitigkeit, das episodische Erzählen, das mich interessiert als Form, ist eine gezielte Parallelisierung, die erlaubt, etwas mit etwas anderem kollidieren zu lassen und so ganz neue Zusammenhänge herzustellen. Beispielsweise in *paradies fluten* eine Kleinfamilie mit dem Kautschukboom am Amazonas zu framen. Plötzlich werden verschiedenste Zusammenhänge, Kontinuitäten, Bedingtheiten, Wiederholungen darin sichtbar. Das ist die Idee dieser Montage.

NINA PETERS »die welt, das dreckssediment, verhält sich immer nach den bildern, auch wenn wir wissen, dass sie falsch sind, dass sie aus dem rahmen gebrochen sind, aus dem kontext gerückt sind«, sagt Ben in *paradies hungern*. Oder »wieder mal gescheitert am bild, denke ich, wieder einmal gescheitert am bild«. Wer scheitert da wie?

THOMAS KÖCK Ich wollte etwas über das Wechselspiel von Krise drinnen und draußen erzählen. Wie einerseits bestimmte Regionen normalisiert werden als Krisenregionen und wie das umgekehrt den Eindruck von Normalität in anderen Regionen der Welt erzeugt. Ich wollte wissen, woher die Bilder kommen, wie Menschen diese erzeugen, ob die vorgeprägt sind, ob die Menschen vor Ort versuchen, Gegenbilder gegen tradierte Narrativa von Krisengebieten zu entwerfen. Oder ob die in ihren eigenen Vorstellungen, also »im eigenen medial vermittelten Dreckssediment«, schon so mit Bildern voll sind, dass die gar nicht mehr anders können, als das zu reproduzieren, was seit jeher durch die Bildagenturen und durch die westlichen Köpfe wandert. In der Recherche bin ich über Tim Hetherington und seine Arbeit gestolpert, der immer Gegenbilder entwerfen wollte und diese im Kunstkontext veröffentlicht hatte, weil sie für die Bildagenturen und die Massenmedien zu künstlerisch waren. Bei Hetherington ging es um schlafende Soldaten im Korengal Valley zum Beispiel. Oder sein eigenes Hotelzimmer während einer Reportage, collagiert mit den Fotos von Zuhause und seinen Interviewpartnern. Es ist interessant, wo die Grenze in der objektiven Kriegsberichterstattung verläuft zwischen massenmedientauglich, untauglich und Kunst.

NINA PETERS In *paradies spielen* gibt es ebenfalls drei Erzählstränge, die du parallel erzählst, das ist das Grundmuster der Trilogie. Kannst du nachzeichnen, wie du zu deinen drei Erzählungen kamst?

THOMAS KÖCK Die Idee mit Macrolotto hatte ich schon länger. Das war der Ausgangspunkt. Im Dezember 2013 verbrannten im italienischen Macrolotto sieben chinesische Arbeiter-

Innen, fünf Männer, zwei Frauen, bei einem Brand in einer Textilfabrik. Bis heute ist die Ursache nicht geklärt. An dem Tag, an dem ich mich hinsetzen wollte, um ein Stück über Wanderarbeiter und sogenannte Klimaflüchtlinge zu schreiben, die in Macrolotto täglich mehrere Millionen Euro nach China via money transfer oder paypal überweisen, während sie achtzehn Stunden am Tag made-in-Italy-Mode entwerfen, versuchte mein Vater sich anzuzünden und umzubringen. Er lag mehrere Wochen im Koma. Und ich verbrachte ein halbes Jahr lang viel Zeit im Zug – aus wenig angenehmen Gründen, mit einem Stapel Texte über verbrannte chinesische ArbeiterInnen, den eigenen Erfahrungen mit Verbrennungen, die ich jetzt machte. Das war im Herbst, Winter 2015 und Frühjahr 2016, auf dem Höhepunkt der sogenannten Flüchtlingskrise. Ich bin viel zwischen Österreich und Deutschland unterwegs gewesen, in Passau wurden regelmäßig die Toiletten der Züge durchsucht, Menschen, also Geflüchtete, herausgeholt. Meistens mit viel Widerstand. Unter den Augen all dieser Anzugträger, die in Frankfurt/M. umsteigen, wurden ganze Familien hinausbegleitet und mussten sich am Bahnsteig in Reih und Glied aufstellen. Ich dachte, die Welt spinnt. Auf jeden Fall war die komplett aus den Fugen. Alles passierte gleichzeitig. In meinem Umfeld, politisch, historisch. Und aus all den Eindrücken und Fragen bezüglich europäischer Geschichte, dem abendländischen Sediment, dem traumatischen biografischen Material, dem Material rund um Macrolotto und eben den Zügen, entstand ein Panorama über das Abendland, über Transport, über Grenzen, über das Wandern, die Bewegung, das leere Durchdrehen, das Burn-Out und das Verbrennen von Werten und Menschen für den Fortschritt oder wofür auch immer.

NINA PETERS In einem Text von dir über ein Literaturprojekt

mit Jugendlichen an der Berliner Lettretage hast du dein Glaubensbekenntnis an die Kraft von Theaterliteratur formuliert: »Der zeitgenössische Theatertext ist die Perle der zeitgenössischen Literatur, die Höhlenmalerei des Spätkapitalismus, der Ort, an dem man sich noch, mit der geballten Faust in der Hosentasche, der Sache wegen mit der Welt und dem Gift in einem selbst anlegen kann.« Ist das ein guter Schluss?

THOMAS KÖCK Für dieses Gespräch hier ist es ein guter Schluss. Für dieses Buch hier ist es ein guter Einstieg.

Uraufführungen der Theaterstücke von Thomas Köck

jenseits von fukuyama
3 D, 2 H
UA: 17. 5. 2014, Theater Osnabrück
Regie: Gustav Rueb

Splitter
(7 Todsünden in Bremerhaven)
Besetzung variabel
UA: 13. 6. 2015, Stadttheater Bremerhaven
Regie: Tim Egloff

paradies hungern
teil zwei der klimatrilogie
2 D, 1 H
UA: 24. 10. 2015, Hessisches Landestheater Marburg
Regie: Fanny Brunner

Isabelle H. (geopfert wird immer)
Ein europäisches Volksstück
2 D, 2 H
UA: 7. 1. 2016, Pfalztheater Kaiserslautern
Regie: Ingo Putz

Strotter
Ein postapokalyptischer Spaziergang
Besetzung variabel
UA: 8. 4. 2016, Schauspielhaus Wien
Regie: Tomas Schweigen

paradies fluten (verirrte sinfonie)
teil eins der klimatrilogie
Besetzung variabel
Koproduktion Staatstheater Mainz, Ruhrfestspiele Recklinghausen, Kleist Forum Frankfurt/O.
UA: 2. 6. 2016, Ruhrfestspiele Recklinghausen
Regie: Sara Ostertag

Offshore I / Offshore II (solo betrachtungen)
Zwei Miniaturen
Besetzung variabel
UA: 9. 6. 2016, Stadttheater Bremerhaven
Regie: Grigorios Liakopulos / Moritz Beichl

kudlich (eine anachronistische puppenschlacht)
(teil eins der kronlandsaga)
2 D, 3 H
UA: 25. 11. 2016, Schauspielhaus Wien
Regie: Marco Storman

paradies spielen (abendland. ein abgesang)
teil drei der klimatrilogie
Besetzung variabel
UA: Dezember 2017, Nationaltheater Mannheim
Regie: Marie Bues

© Foto Fabian Raabe

Thomas Köck wurde 1986 in Steyr, Oberösterreich, geboren. Er wurde durch Musik sozialisiert und studierte Philosophie in Wien sowie Szenisches Schreiben und Film an der Universität der Künste Berlin. Er arbeitete beim theatercombinat wien, war mit einem Dokumentarfilm über Beirut zu Berlinale Talents eingeladen, Hausautor am Nationaltheater Mannheim und bloggt mit KollegInnen auf nazisundgoldmund.net gegen rechts. Für seine Theatertexte wurde er mehrfach ausgezeichnet, unter anderem mit dem Kleist-Förderpreis, dem Dramatikerpreis der österreichischen Theaterallianz und dem Stückepreis des Else-Lasker-Schüler-Dramatikerpreises. Er arbeitet als Autor, Theatermacher und Musiker.

Suhrkamp Verlag GmbH
Torstraße 44, 10119 Berlin
info@suhrkamp.de
www.suhrkamp.de